建築から都市を、都市から建築を考える

建築から都市を、都市から建築を考える

槇文彦
聞き手 松隈洋

岩波書店

目次

装幀＝坂口　顯

パナティナイコ・スタジアムの前面広場

I章　創生の時代——初めてのモダニズム

——二〇一三年の夏、高松での丹下健三[*1]生誕一〇〇周年シンポジウムでご一緒したとき、帰りがけに槇さんが仰ったことが心に引っかかっていました。自分たちは、それぞれの建築を一所懸命つくっていれば自ずと良い街ができていくと思っていたけれど、どうやらそうではない。社会の全体で、建築に対する人びとの理解が深まっていかないとだめなんだ——そう熱心にお話しされていた。

このときすでに新国立競技場計画の見直しを求めるエッセイ(「新国立競技場案を神宮外苑の歴史的文脈の中で考える」『JIA MAGAZINE』二〇一三年八月号)を準備されていたのだと、あとになって知りました。

槇さんの問題提起は東京が二〇二〇年夏季五輪の開催都市に決まるといっそう注目を集め、その後の計画のあり方をめぐる議論に大きな影響を与えました。

いま説明されたように、新国立競技場の国際コンペは、まだ東京誘致の行方がわからない段階で行なわれました。二〇一二年に最優秀案が発表された時点で、この計画に関する意見がほとんど出なかったのは、おそらく、そうしたタイミングが影響していると思います。計画自体のリアリティが不確かななか、あえて意見を述べるのもどうか、そう判断した人もいるでしょう。

もう一つ重要なのは、とやかく言うことで、せっかく東京に五輪をもってこようとしている国家的努力の妨げになるのではないかとの遠慮が、状況を少しわかって

＊1　丹下健三：たんげ・けんぞう(一九一三—二〇〇五)／建築家。東京帝大建築学科を卒業後、前川國男建築設計事務所を経て、一九四六年同大学院修了。四六—七四年東大で教壇に立ち、「丹下研究室」からは多くの建築家、都市計画家が輩出した。日本近代建築を強力に牽引し、世界的な建築家として名を残す。作品に香川県庁舎、国立屋内総合競技場、東京都庁舎ほか。

いる人、あるいはメディアの関係者にあったのではないかということです。

私が新競技場案を見て、その異様なスケールにおどろいたのは、国立競技場の隣にある東京体育館を設計した三〇年前、非常に苦労した経験があったからです。神宮内苑・外苑および代々木公園一帯は風致地区*2で、建蔽率*3や建築物の最大高さなどが厳しく制限されていました。しかし、コンペの主催者側が示した一枚の入選案は、それらをすべて無視するものでした。

全天候型スタジアムにするための開閉式屋根、八万人規模の収容人数といった新競技場の条件、そしてコンペの募集要項は、それに先立つ有識者会議の場で決定されました。しかし国は有識者会議の議論をほとんどオープンにせず、計画をなるべく国民に知らせないという姿勢をとっていました。人びとが新しい建築物に対して何か意見をもつこと自体を妨げる、閉鎖的で不透明な意思決定がなされたのです。

私たちは、五輪の開催が決定した二カ月後、大学教授や文化人など約一〇〇人の方に声をかけて、連名で計画見直しの要望書を提出し、その後も新たな施設がポスト・オリンピックを見すえたものになるよう提言を重ねてきました。また、松隈さんほか様ざまな方が、あらゆる媒体で疑義や懸念を示され、それは膨大な数になります。二〇一五年の夏になって、この計画は白紙撤回されるわけですが、それまでのあいだ、私たちの異議申立てに対して、政府や東京都から明確な回答が示されることは一切ありませんでした。私が建築を始めて六〇年以上経ちますが、このよう

＊2　風致地区／都市のなかの自然的景観（風致）を守るため、土地利用などを規制する地域。都市計画法に基づく地域地区の一つで、自治体が指定する。

＊3　建蔽率／敷地全体の面積に対する、建築物の面積の割合。

なケースに直面したのは初めてのことでした。なるべく国民に知らせないで、議論は避け、とにかく事を進めてしまおうというわけです。そして、基本的な計画が遂行されるかぎり、当初のデザインやスケールを若干犠牲にしても構わない。計画が見直されることになったのは、そうした手法が破綻したことを意味するのかもしれません。この一連の動きのなかで、論理を無視した「お上」側の体質が、非常にはっきりとあらわれたように思います。

——新国立競技場の問題をきっかけに、建築家・都市計画家をはじめ専門家の果たすべき役割とは何なのか、その社会性や倫理性をどのように担保していくのかが厳しく突きつけられていると思います。他方で、競技場のある神宮外苑の歴史的ななりたちがクローズアップされたように、東京という都市がどのような過去の延長線上にあるのか、あるいは、自分たちの住むところを本当に豊かにするものとは何なのか。人びとの潜在的な関心がひろがってきているようにも感じます。

本書では、これまで槇さんが建築や都市について考えてきたこと、槇さんの世代の建築家が、さらに上の世代から吸収してきたことについてうかがいます。創作と思索——そして、その背景にひろがる時代や、人びとの繋がりをふり返ってお話しいただくことで、これからの建築・都市と社会の関係性を展望したいと考えています。

茶色と灰色の東京で

――槇さんは一九二八年、東京生まれ。子どもの頃の記憶に残っているのは、やはり木造住宅の街並みでしょうか。

一九三〇年代の東京といえば、山手《やまのて》の住宅地には、深い緑に覆われたところが多くありました。狭隘な道の周りに建てこまれた家々、それに大邸宅も見られましたが、仰るように、ほとんどは木造の一軒家です。くすんだ茶色と灰色の建物群が、濃い緑と土のにおいの残る都市を形成していました。

それだけに、建築家の土浦亀城[＊4]さんの自宅など、見たり訪れたりする機会のあった幾つかのモダニズム建築は、非常に目新しい印象を与えるものでした。

――土浦邸は槇さんが七歳の頃、一九三五年に竣工しています。ご覧になったのはできたての頃ですか？

はい。当時、五反田にあった自宅の近所に、土浦事務所で修業していた村田政眞さんという若い建築家が住んでおられました。その村田さんが、「今度ボスの家ができたから見に行かないか」と、両親と私を目黒の長者丸（現在の品川区上大崎）まで連れて行ってくれたのです。

白亜の、シンプルな外観の家でした。内部では玄関周りの吹抜け空間、鉄製の細

＊4　土浦亀城：つちうら・かめき（一八九七―一九九六）／建築家。東京帝大建築学科卒業。在学中に帝国ホテルの建築現場でＦ・Ｌ・ライトの下で働いたことをきっかけに、一九二三年渡米。ライトの事務所で学ぶ。帰国後、三四年に独立。作品に野々宮アパート、強羅ホテルほか。

Ⅰ-1　土浦亀城邸

いレーリング（手すり）のことを鮮明に記憶しています。外国から大きな客船が来ると、よく横浜港まで見に行っていたので、「船みたいだなあ」と。開放的な空間のなか、レーリングの鉄や、窓ガラスの物質性がきわだって見えたのだと思います。子どもの私にとっては、何か、魔術的な雰囲気をはらんでいるようにも感じられました。

――槇さんが入学した慶應義塾幼稚舎も、一九三七年の竣工当時、「東洋一モダンな小学校」といわれたそうですね。

慶應幼稚舎でも、土浦邸と同じ吹抜けの空間に遭遇しました。東の一隅にあった工作室は、一部が半階下、その上はメザニン（中二階）になっていたのです。教室の外側には、床にガラスブロックがはめこまれたテラスがあり、そこから運動場に出られるようになっていました。理科室にはクローヴァー型の机が置かれ、隅々まで創意に富んだ意匠が盛られていたように思います。とても洒落ていました。他にも、日比谷の日東コーナーハウス、銀座資生堂は思い出深い建物でした。

I-2　日東コーナーハウス

――一九三八年につくられた日東コーナーハウス（日東ティーハウス）は、戦後すぐの時期はＧＨＱが接収して、民間情報教育局が運営するＣＩＥ図書館になっていました。東京・竹橋のパレスサイドビルを設計した建築家の林昌二さんや、槇さんの大学時代の二年先輩で前川國男建築設計事務所に入所した鬼頭梓さんも、海外の建築雑誌を目当てにそこへ通って、一所懸命トレーシングペーパーで図面や写真を写し取って最新の建築を学んだそうです。
日東コーナーハウスのすぐ近くにはF・L・ライト[*5]が設計した旧帝国ホテル（一九二二年竣工）もありました。

帝国ホテルには、おもしろい思い出があります。槇のほうの祖父には子どもがたくさんいました。ということは私たち孫もたくさんいて、一年に一度、クリスマスが近くなると、みんなで帝国ホテルに集い、食事をすることになっていました。

それだけなら単なる思い出話ですが、じつは去年、私より一歳上の従姉からクリスマスカードが届いて、あの頃は帝国ホテルで一緒に遊んでたのしかったわねと、この歳になって初めてそんなことを書いてきたのです。たしかに、帝国ホテルは、奥に行くにしたがって秘密めいた場所が幾つも見つかって、子どもにとっても深く記憶に残るような空間だったのでしょう。やはりライトはすごいなと思いました。

モダン・ライフを生きた人たち

『CASABELLA JAPAN』（八三三号、二〇一四年二月発行）で、建築家の岡田哲史さんが、近代建築の空間表現において最初にブレイクスルーを成し遂げたのは、ヨーロッパの建築家ではなくて、ライトだったのではないかと書いています。しかし当時のヨーロッパ建築界では、ある種の優越感のために、アメリカの建築家から学ぶこ

＊5　F・L・ライト：Frank Lloyd Wright（一八六七―一九五九）／二〇世紀を代表する建築家の一人。アメリカ・ウィスコンシン州生まれ。独自の「有機的建築」を提唱。作品に自由学園明日館、落水荘、グッゲンハイム美術館ほか。

Ⅰ-3　旧帝国ホテルのインテリア

とをよしとしない風潮があった。例外的に、オランダのH・P・ベルラーヘ*6は率直にライトを認め、そのことが、世界遺産登録もされているユトレヒトのシュレーダー邸をはじめ初期モダニズムの空間構成に大きな影響を与えたそうです。

――ドイツのヴァスムート社からライトの作品集が出版されたのは一九一〇年。それがモダニズムの発火点になったといわれますね。ライトの作風を、H・P・ベルラーヘやミース・ファン・デル・ローエ*7が換骨奪胎して、鉄・ガラス・コンクリートの新しい素材で、純粋な構成を志向するモダニズム建築ができていく。

帝国ホテルが完成したのは一九二三年ですから、一九一〇年というと、ずいぶん早いですね。

――ライトの弟子で、のちに日本で活躍して前川國男*8や吉村順三*9らを育てたアントニン・レーモンドも、学生時代にヴァスムート版の作品集を見てライトに憧れ、彼の下で学ぼうとチェコからアメリカにわたったそうです。

レーモンドは帝国ホテルの設計助手をしていましたね。土浦亀城さんも同じ時期に工事現場にいたはずです。現場でテキパキと指示をしてまわるライトの仕事ぶりや、石工職人たちが、のみで大谷石に一つひとつ彫刻を施していく様子に感銘をうけて、東京帝大の卒業を待たずに現場に入ることを希望したとか。

帝国ホテルの仕事の後、土浦さんはライトの招きで、奥さんと一緒に、当時ロサ

*6　H・P・ベルラーヘ：Hendrik Petrus Berlage（一八五六―一九三四）／オランダの建築家、都市計画家。チューリヒ工科大学に学び、イタリア・ドイツなどを旅したのち、アムステルダムで設計活動を行なう。材料や構造を重視した合理主義を主張。作品にアムステルダムの株式取引所、ロンドンのオランダ館ほか。

*7　ミース・ファン・デル・ローエ：Ludwig Mies van der Rohe（一八八六―一九六九）／二〇世紀を代表する建築家の一人。ドイツのアーヘンに生まれる。P・ベーレンスの下で働いたのち、一九三〇年バウハウス校長に就任。三七年渡米、翌年にアーマー（現イリノイ）工科大学教授となる。作品にバルセロナ・パヴィリオン、ファンズワース邸ほか。

*8　前川國男：まえかわ・くにお（一九〇五―一九八六）／建築家。東京帝大建築学科を卒業後、渡仏してル・コルビュジエのアトリエに学ぶ。レーモンド建築設計事務所を経て独立。作品に東京文化会館、東京海上ビルディングほか。

*9　吉村順三：よしむら・じゅんぞう（一九〇八―一九九七）／建築家。東京美術学校（現・東京藝大）建築科卒業。在学中からA・レーモンドの

ンゼルスにあった彼のアトリエに行きます。のちにアトリエはウィスコンシン州のタリアセンに移りますが、そこでドイツのリチャード・ノイトラ[*10]などヨーロッパのモダニストたちと交流して、近代建築新生の時期を、身をもって体験されました。そして次第に土浦さんはライトの作風に距離をおいて、モダニズムに傾斜していきます。装飾性を排した自邸の写真をライトに送ったら、ライトはあまり嬉しい返事はよこさなかったそうです。

――土浦亀城は、帝国ホテルで一番おもしろいのは階段だと語っていますね。ホテルのスキップフロア（建物の床の高さを、上階と下階のあいだに半階ずらして設ける形式）を再構成するような形で自邸をつくったようです。

この土浦邸は、じつは、土浦夫妻の共同設計であるともいわれています。ご夫人の信子さんについて書かれた『ビッグ・リトル・ノブ――ライトの弟子・女性建築家土浦信子』（小川信子・田中厚子著、ドメス出版、二〇〇一年）には、その土浦夫妻が谷口吉郎[*11]さんと居間でくつろいでいる写真が出てきます。目黒のお宅に移る前、広いダンスフロアのある五反田のお宅で撮られたものです。

――先ほどお話に挙がった慶應幼稚舎を設計したのが、谷口吉郎さんですね。

谷口さんの個人史『建築に生きる』（日本経済新聞社、一九七四年）を最近読み返す機会がありましたが、谷口さんが生まれ育った金沢にも、「ハイカラな洋風スタイルの店」が目立った、「ハイカラな活気がみなぎっていた」と書かれていて、その

下で働く。一九四九年東京藝大助教授に就任、六二年同大教授。作品にNCRビル、奈良国立博物館ほか。

＊10　リチャード・ノイトラ：Richard Joseph Neutra（一八九二―一九七〇）／アメリカの建築家。オーストリアのウィーンに生まれる。ウィーン工科大学卒業後、E・メンデルゾーンの事務所などを経て一九二三年にアメリカに移住。F・L・ライトのタリアセン工房に滞在する。その後ロサンゼルスで独立し、数々のモダニズム建築を手がけた。作品にロヴェル邸、カウフマン邸ほか。

＊11　谷口吉郎：たにぐち・よしろう（一九〇四―一九七九）／建築家。東京帝大建築学科卒業。一九三〇年より東京工業大学で教壇に立つ。作品に藤村記念堂、秩父セメント第二工場、東宮御所ほか。

言葉をとても懐かしく感じました。私たちが子どものときには、垢抜けているとか、モダンな感じ、という意味でハイカラとよく言っていたのです。

この「ハイカラ」の感覚を共有していた時代のなかで、谷口さんは、自分のつくるものはいかにあるべきかを考えてこられた。そして、どちらかといえば伝統的な街並みの残る金沢の街出身でありながら、白い箱形の、きわめてモダンな東京工業大学の水力実験室をつくるわけです。当時としては過激ですが、その表現は、谷口さんと二回りほど歳の離れた私にとっても、納得できるものがありました。

先ほど触れた土浦夫妻の写真には、谷口さんと一緒に、前川國男さん、それから五井孝夫[*12]さんが写っています。土浦さんは七歳ほど年上ですが、他の方は大学の建築学科の同級生同士で、ちょうど私が生まれた年に卒業されました。

——一九三〇年代は、他にも、堀口捨己[*13]、坂倉準三[*14]、山口文象[*15]らによって、バウハウスやエスプリ・ヌーヴォーなどに代表されるモダニズムの建築思想が日本にも紹介された時期でした。歴史的に見れば、槇さんが、土浦亀城、あるいは前川國男・谷口吉郎の世代から、モダニズムのバトンを受け継がれた印象があります。

土浦邸は、夫妻がご存命のときに、あらためて見に行ったことがあります。すると、奥様がちょうど帰ってこられて、私はそれほど面識があるわけでもなかったので、お呼び止めもせず外から見ていました。お宅への階段を上がられて、ちょっと

＊12　五井孝夫：ごい・たかお（一九〇四—一九八六）／建築家。東京帝大建築学科卒業後、一九五四年に金沢市寺町に五井構造設計研究所（現・五井建築研究所）を設立。金沢美術工芸大学学長も務めた。

＊13　堀口捨己：ほりぐち・すてみ（一八九五—一九八四）／建築家、建築史家。東京帝大建築学科卒業、同大学院修了。日本の近代建築運動の先駆をなす分離派建築会の結成に参加。東京美術学校（現・東京藝大）教授、明治大学教授などを歴任した。伝統と近代建築の調和を模索したことでも知られる。作品に紫烟荘、明治大学生田校舎ほか。

＊14　坂倉準三：さかくら・じゅんぞう（一九〇一—一九六九）／建築家。東京帝大文学部美学美術史学科を卒業後、渡仏し一九三一—三六年までル・コルビュジエのアトリエで学ぶ。帰国後、四〇年に独立。作品に神奈川県立近代美術館、羽島市庁舎、新宿駅西口広場・駐車場ほか。

＊15　山口文象：やまぐち・ぶんぞう（一九〇二—一九七八）／建築家。東京高等工業学校（現・東京工業大）附属職工徒弟学校を卒業したのち、清水組、逓信省営繕課、分離派建築会への参加などを経て、一九二三年

時間が経つと、今度は、なかにいらした土浦さんが、階上へ移動して玄関のドアを開けられたような気配を感じたのです。ジャック・タチ監督の『ぼくの伯父さん』(一九五八年)では、一階がガラス張りの家が舞台になっていますね。あの作品には、モダニズムの風刺的な要素がたくさん含まれていますが、土浦邸では、タチの映画のように透明なモダン・ライフが実際にそこに描写されているという印象を、そのときもちました。

それから、師弟関係ではないけれども、プライベートなところで目をかけていただいた前川さんと坂倉さんには、ヨーロッパの建築家にも相通じる個性があったように思います。彼らはいわゆるモダニストでありながら、ヨーロッパの歴史に関する深い見識をもっていました。

——一九三〇年代、ちょうど槇さんの幼少期は、新聞メディアや大衆文化が花開き、資本主義もある程度成熟していた。東京にかぎらず、都市がある均衡のなかでモダンな輝きを放っていた時期ではないかと思います。

木造の落ち着いた街並みに比べて、出かけた先でのモダニズム体験は、やはりハレの意匠と映ったのでしょうか。

コントラストがはっきりありました。もっとも、それが近代建築であると認識するのは建築を志してからのことですが、文字ではなく、身体感覚として経験したといえるのかもしれません。

に創宇社建築会を結成。三〇年に渡欧し、ベルリンのグロピウスの下で働く。第二次世界大戦後は協同設計組織であるＲＩＡ建築綜合研究所を立ち上げ、様ざまな作品を手がけた。

――一九二三年には、関東大震災も起きています。その爪痕に気づくようなことはありましたか。

あの震災で最も被害を受けたのは下町で、本所の被服廠跡《ひふくしょうあと》など多くの方は火災により亡くなっています。私の住んでいるあたりは、あまり影響は残っていなかったように思います。

山手のほうは、緑につつまれた静かな屋敷町がそこここにある一方、市電の通る大通りや坂下あたりには小店舗がずらりと並んで、下町のような雰囲気もありました。今とは違って、家の周りの遊び場には事欠かなかったのです。

時々、空地に新しい普請が始まると、鋸《のこぎり》や鉋《かんな》、槌《つち》の音がして、棟梁たちの作業場を直接見守ることもありました。今思えば、このとき、クラフツマンシップとも出会っていたことになります。

一七歳　戦後の出発

――槇さんは幼稚舎から高校まで慶應義塾に通われました。

旧制学校最後の世代で、慶應義塾大学予科（現在の高校生）のときに、終戦を迎えました。

慶應義塾普通部の四年に上がると、私たち中学生も防空壕を掘ったり、工場に動員されるようになり、宮田製作所という蒲田にある飛行機部品の工場にほぼ毎日通っていました。その後は消防署にも動員されていましたが、消防自動車に乗る前に戦争が終わって、ずいぶんほっとしたものです。

普通部にいた頃は工学部に進むつもりで、機械工学・電気工学・応用化学の三学科のうち、漠然と電気に行くだろうと考えていました。でも、学徒動員の経験もあって、電気工学科に進んだら一生工場で過ごすのかと思って嫌になったんです（笑）。ではどこに行くか。私は模型飛行機をつくるのがわりと好きでした。それで、何かつくることのできるところへと考えて慶應を中退し、東大の建築学科へ進みました。

――当時、飛行機をつくりたかった人は多かったそうですね。先ほど名前を挙げた槇さんと同年代の、日建設計に勤めた林昌二さんも航空学科を志望していたそうです。

東大には航空学科がありましたが、戦後処理で日本は飛行機をつくってはならないとされ、学科が廃止されます。だから、航空学科から建築に移ってきた人もいました。

――空から地上に降りてきた人がたくさんいた（笑）。一九四五年八月一五日の敗戦のときは一七歳になる直前でした。

最後は空襲空襲で、戦争が終わって、ようやく夜ぐっすり眠れる、とまず思いましたね。

――軍国主義教育を受けつつも、すでに物心はついている。微妙な世代です。

学徒動員がありましたが、その頃は、閑《ひま》をみては一所懸命、文学書を読んでいた時期でもありました。友人たちとトルストイやバルザック、スタンダールの訳本を交換して、工場の旋盤機械のあいだで感想をいい合っていたのを覚えています。映画でも、アメリカ映画はだめでしたが、ドイツ映画はある時点まで上映されていて、それを観に行ったり。

――戦争についても議論されましたか？

いえ、やはり一番大きな問題は食べ物のことでしたし、東京にいましたから、空襲が恐ろしかった。私たちの家はたまたま残りましたが、火はそばまで来ていて、近所で焼けおちたところもありました。

下町が被害に遭った三月一〇日未明の空襲のあと、四月、五月には、赤坂や目黒、渋谷のあたりが火に包まれ、表参道の友だちのことも非常に心配でした。

――当時、青山に住んでおられた建築家の大谷幸夫[*16]さんも、山手空襲で逃げまどったそうです。表通りは火が走るから気を付けろと両親にいわれていたので、顔中に泥を塗りたくって裏通りを抜け、最後は必死で青山墓地の塀を登って助かったと。

槇さんはその後、一九四九年に東大に入学されます。同級生は何人くらいいたのでしょう。

＊16　大谷幸夫：おおたに・さちお（一九二四―二〇一三）／建築家。東京帝大建築学科卒業。同大学院に進み、丹下研究室で旧東京都庁舎など一連の公共建築の設計に携わる。一九六一年に独立。東大都市工学科教授、千葉大学教授などを歴任した。主な作品に国立京都国際会館、沖縄コンベンションセンターほか。

建築学科は四〇人くらいでした。今であれば駒場の教養学部に二年通って、それから本郷に二年ですが、私たちは旧制の最後だったので三年間、ずっと本郷の建築科にいました。

私の見るかぎり終戦後、という感じはそれほど引きずっていなかったように思います。大学で勉強する以上は建築デザインを一からものにするという雰囲気で、建築史や、丹下先生がやっていらした都市史、それから構造関係の授業も三年かけて学びました。

しかし、確かにまだ焼け跡は残っていたし、バラック風景も珍しくなかった。おそらく私たちの先輩はもっと直接的に、社会のなかでこれから住宅政策をどうするか、議論していたのだと思います。戦後復興の時代でした。

――丹下研究室では、同じ一九四九年に公開コンペで一等に選ばれた、平和記念公園と一連の建築群からなる「広島ピースセンター」ほか、幾つかの戦災復興計画を立てていた頃ですね。

私が入学したとき丹下研究室は、仰るようにちょうど当選した広島平和会館の実施設計に取り組んでいるところでした。工学部一号館の三階に行くと、当時アトリエの中核であった大学院生の浅田孝[*17]さんや、大谷幸夫さんの姿を見ることもありました。

一年生の授業では三人の先生からそれぞれ建築のトレース課題が出され、丹下先

＊17　浅田孝：あさだ・たかし（一九二一―一九九〇）／建築家、都市計画家。東京帝大建築学科卒業。一九五一年東大大学院修了。特別研究生として当時、助教授だった丹下健三とともに「丹下研究室」の設立に尽力する。同研究室では広島平和記念公園、香川県庁舎などの計画、実施設計、監理に携わった。南極昭和基地、横浜市のこどもの国などの設計・プランニングを手がけた。

生がル・コルビュジエ[18]によるスイス学生会館、日本建築史の太田博太郎[19]先生が桂離宮、岸田日出刀[20]先生はご自分の設計された市川のお宅でした。当時はコンピュータもありませんので、烏口を使って図面をインキングし、そのあと自分の好きなアングルでパースを描きました。

――そうした課題を通して初めて、ル・コルビュジエの名前を意識されたのでしょうか？

コルビュジエの名前は、大学に入ったときから、図書室の雑誌や友人たちの会話を通して耳に入っていました。自ずと関心をもつようになったといえると思います。たしか、その講評には前川國男さんが呼ばれ、コルビュジエについての話を聞くことができました。

――そうでしたか。槇さんの同級生で、のちに丹下健三の代表作となる国立屋内総合（代々木）競技場の設計チーフを務める神谷宏治[21]さんに、建築学科時代の写真を見せてもらったことがあります。学生たちが皆でフィリップ・ジョンソン[22]によるグラスハウスの大きな模型をつくっているところでした。

それは大学の五月祭のときです。デザインに興味をもっていた人間があつまって、グラスハウスをつくろうということになりました。ずいぶん大きな模型でしたが、神谷氏は模型が上手だったんです。

＊18　ル・コルビュジエ：Le Corbusier（一八八七―一九六五）／二〇世紀を代表する建築家の一人。スイス生まれのフランスの建築家。ラ・ショー＝ド＝フォンの美術学校で学んだのちオーギュスト・ペレやP・ベーレンスの下で働く。一九二二年に独立。作品にサヴォア邸、ロンシャンの教会、ユニテ・ダビタシオンほか。著書に『建築をめざして』（鹿島出版会）など。

＊19　太田博太郎：おおた・ひろたろう（一九一二―二〇〇七）／建築史家。社寺、民家、工匠など日本建築史の幅広い領域を研究し、文化財の保存・修理にも積極的に携わった。著書に『日本建築史序説』（彰国社）など。

＊20　岸田日出刀：きしだ・ひでと（一八九九―一九六六）／建築家。東京帝大建築学科卒業後、一九二九年に東京帝大教授に就任。前川國男、丹下健三ほか、すぐれた建築家たちを育成し、世に送り出した。作品に東京大学安田講堂ほか。著書に『過去の構成』（相模書房）など。

＊21　神谷宏治：かみや・こうじ（一九二八―二〇一四）／建築家。東大建築学科卒業。同大学院で丹下研究室に在籍、のちに丹下が主宰した

太平洋をわたって

——東大の建築学科を卒業してアメリカにわたろうと思ったきっかけはどんなところにあったのですか？

直接の動機は、フランスの建築雑誌 *L'Architecture d'Aujourd'hui* で、当時、ハーヴァード大学の建築学科長だったワルター・グロピウス[*23]についての特集を読んだことだと思います。それを見て、こういう大学に行きたいなと。

ところが願書を出したところ、もう今年の応募締切は過ぎているといわれ、ミシガン州のクランブルック・アカデミー・オブ・アートを経て、一年後の一九五三年にハーヴァードのマスターコースに入りました。

こうして入学が一年遅れたことは、結果として、その後の人生を大きく変えるものでした。一九五三年はハーヴァード大学大学院のデザイン学部長にホセ・ルイ・セルトが着任した年だったからです。セルトはハーヴァードを、アメリカ建築教育とヨーロッパを中心とする外国の建築家たちとの接点にしようとしていて、それから約二〇年をかけて、新しいレジームを築いてゆきます。

人文科学の分野でも戦後ヨーロッパの碩学が集結していましたし、建築史のジークフリート・ギーディオン[*24]や彫刻家のコスタンティーノ・ニヴォラ[*25]ほかが招かれ、

URTEC（都市・建築設計研究所）の代表取締役も務め香川県庁舎や大阪万博・お祭り広場の大屋根などの設計に携わった。独立後は川崎市民プラザなどの設計を手がけ、コーポラティブハウジングの普及にも尽力した。

＊22　フィリップ・ジョンソン：Philip Johnson（一九〇六―二〇〇五）／アメリカの建築家。ハーヴァード大学で歴史と哲学を学び、一九三〇年代にニューヨーク近代美術館の初代建築部長となる。四〇年、ハーヴァード大学に戻り、W・グロピウスとM・ブロイヤーに建築設計を学ぶ。作品にリンカーンセンター・ニューヨーク州立劇場、AT&T本社ビル（現・ソニータワー）ほか。

＊23　ワルター・グロピウス：Walter Adolph Gropius（一八八三―一九六九）／二〇世紀を代表する建築家の一人。ドイツのベルリンに生まれる。一九一九年ワイマールに造形学校バウハウスを設立し、初代校長になる。バウハウスはモダンデザインの基礎を築き、世界の建築、デザイン、造形教育に影響を与えた。三七年渡米し、ハーヴァード大学教授に。作品にファグス靴型工場、デッサウのバウハウス校舎ほか。

活躍していました。

――ホセ・ルイ・セルトは、スペインで恵まれた生い立ちにありながら、フランコ政権に反対し、長く故国を離れて活動した建築家です。かつてパリのセーブル街にあったル・コルビュジエのアトリエで、前川國男や坂倉準三とともに働いていた同僚ですね。ハーヴァードに願書を出された時点で、セルトの存在もご存じだったんですか？

入学する前は知りませんでした。しかし私が「丹下の弟子」ということで、ずいぶん打ち解けて接してもらったように思います。丹下先生は一九五一年、イギリスのＣＩＡＭ[*26]（近代建築国際会議）で広島ピースセンターの計画について話をしていて、議長だったセルトと会っていたようです。

――批評の際、セルトはどんな指摘をするのでしょうか。

ハーヴァードの場合、バウハウスの創始者であったグロピウスが、すでに新しい建築教育の考え方をもってきていました。それを受け入れて継承している部分があります。しかし、セルトはグロピウスのような機能主義ではなく、空間のヒューマニズムを強調していたと思います。

グロピウスが言葉によるクリティークであったとするならば、セルトの場合は、彼自身が鉛筆をとって、具体的に意見を示してくれることもありました。「アーバン・デザインの中心には人間がある。それは特定の人のためではなく、市民のため

＊24　ジークフリート・ギーディオン：Sigfried Giedion（一八八八―一九六八）／スイスの美術史家、建築批評家。ハーヴァード大学教授、マサチューセッツ工科大学教授、チューリヒ工科大学教授など歴任。ＣＩＡＭの創設以来、書記長を務め、近代建築運動に多大な影響を与えた。

＊25　コスタンティーノ・ニヴォラ：Costantino Nivola（一九一一―一九八八）／イタリアの彫刻家。グラフィック・デザインから彫刻制作へと転じ、一九三九年以降はアメリカで創作活動を行なう。彫刻と建築の統合を目ざし、構成的な作品で知られた。

＊26　ＣＩＡＭ：Congrès Internationaux d'Architecture Moderne／近代建築国際会議。感性的・物質的欲求と精神的成長のための環境形成を目ざし、一九二八年に結成された。ル・コルビュジエ、Ｗ・グロピウスほか近代建築の開拓者たちが集まった。五九年解散。

に、また市民とともにつくられるものである」――一九五六年のアーバン・デザイン会議での発言は、彼の思想を端的に示すものです。そして、彼が教育の場で説いたことはデザイン上の実践理念でもあったことが、のちに彼のアトリエで働くなかでわかりました。

――大学を出て、大手設計事務所に勤めていたこともあるそうですね。

一九五四年の六月に修士課程を修了してからは、ニューヨークのＳＯＭ[*27]でしばらくジュニア・デザイナーとして働いていました。半年くらい経って、巨大事務所の組織的アプローチがある程度見えてきてしまった頃に、ハーヴァード時代の友人から、ニューヨークにあるセルトの事務所で働かないかと声をかけられて、二つ返事で参加することを決めました。

セルトの最初のアトリエは、タイムズ・スクエアの一隅にある小さなビルの三階にありました。夜になると道を隔てたホテルのカフェから音楽が聞こえてきたり、そこで人びとがダンスしているのが見えたり、賑やかなところでした。働いているのは、一人をのぞいて皆ヨーロッパや私のように東洋から来たスタッフでした。

私が入ったのは、バグダッドのアメリカ大使館の基本デザインが追い込みの作業にさしかかった頃です。アメリカ国務省への模型の提出期限が迫ると、セルトの奥さんが椰子の樹の植付けを手伝ってくれたりして、とてもアットホームな雰囲気でした。

＊27　ＳＯＭ：Skidmore, Owings & Merrill／一九三六年にアメリカのシカゴで設立された建築設計事務所。五〇―七〇年代にかけて、アメリカ都市部における高層オフィスビルの設計をリードした。世界最大の組織建築設計事務所の一つ。

それから一九五六―五八年のあいだは、セントルイスのワシントン大学で教職に就き、毎週月・水・金とデザイン・スタジオでレビューをしていました。

スタジオにはGIビル（復員助成金）によって勉学に戻ってきた学生も少なくなく、なかには進駐軍の一人として東京に駐在していた、自分より年上の学生もいました。一九四五年を一七歳で迎えた私にとって、拳銃を持った大柄な米兵は宇宙人のような存在でした。ところが、こうしてアメリカで教官と生徒という立場で遭遇すると、お互い特にそれを気にすることもなく、大らかなアメリカ人の気質に触れたような感じがありました。

I-4　ワシントン大学のスタジオレビュー（一九五六年撮影）

セントルイスの夢

――一九五〇年代末から六〇年にかけて、アメリカと日本で初仕事をされていますね。アメリカのスタインバーグ・ホール（一九六〇年竣工）はデビュー作でした。

当時は、大学の仕事だけで職業的な関心や探究心が満たされていたとはいえない状況でした。そこで、スタジオの若い同僚たちと、ボストン市庁舎やオタワ市庁舎のコンペに挑戦していたのです。

スタインバーグ・ホールを設計したのは、ワシントン大学でキャンパス・プランニングの手伝いをしていたことがきっかけでした。キャンパスのすぐ南側に住むスタインバーグ夫人から、実業家だった亡き夫のメモリアルとして、建築学部と美術学部のために新しい建物を寄付してもよいというオファーがあり、そのプランを考えるようにいわれました。二つの建物のあいだにホールや図書館をつくるという話で、模型と簡単な平面図を準備してプレゼンテーションをしました。すると夫人は一目見るなり「このデザインがそのまま実現するなら、寄付しよう」とGoサインを出してくれたのです。

――ハーヴァードのあるボストン近郊と、セルトの事務所があったニューヨークのマンハッタン、ワシントン大学時代のミズーリ州セントルイスでは、都市の印象はずいぶん違ったのではないでしょうか。

ボストンはとても過ごしやすかったです。ニューヨークにいたのは一年くらいで、もう働いていましたから、わりと規則正しく同じところへ行っていました。休みの日はMoMA（ニューヨーク近代美術館）に行ったり、マディソン街、五番街へ出かけて友だちと会ったり、そういうコンパクトな生活圏で毎日を過ごしていました。

セントルイスでは、それまでの生活とまったく異なって、点と点を車で移動するライフスタイルでした。住んでいるアパート、銀行、洗濯屋、大学、レストラン……その「点移動」がつくりだす軌跡が、私のセントルイスでした。歩くという身体的な関わりではなく、移動のなかで展開していく大通りの景色や、鉄橋のたくま

I-5　スタインバーグ・ホールのプレゼンテーション（一九五七年撮影）

しいコンクリートによって、この都市のイメージがつくられています。なぜか、夢で異郷の町が出てくるとき、そこはセントルイスであることが多いのです(笑)。それも、私の住んでいたあたりではなく、車から見えた、荒涼としたミッドタウンや、幻想的な都市風景が出てきます。

群造形とメガストラクチャー

——槇さんの建築の師匠は誰になるのでしょうか?

都市デザインの関わりで建築について深く考えるようになったのは、セルトの下でした。ですが、もともと丹下先生は日本のなかで一番都市に興味をもっていた建築家でしたし、東京にいた頃からその影響を受けていたと思います。やはり二人とも「都市建築家」であったといえるのではないでしょうか。

ハーヴァードでは、セルトがつくった都市デザイン学科で教えていました。私がアメリカにいた時期、建築は停滞傾向にありましたが、都市から建築を考えようという姿勢のあるこの学科は前途洋々という雰囲気だったのです。もう一方の丹下研究室も、戦後日本の国家戦略のなかで次々と浮かび上がるテーマに取り組んでいて、今でいうシンク・タンクとしても非常に勢いがありました。

都市デザイン、アーバン・デザインという言葉が、まだ社会全体の共通言語になっていないなか、アメリカではハーヴァードを中心とした都市プランナーたち、日本では丹下研とその周辺の人たちと交流できたことは、幸せな巡りあいだったと思います。それから、ヨーロッパのＣＩＡＭや、その若手メンバーが新たに立ち上げたチームＸ《テン》、また少数でしたが、東南アジアの志を同じくする建築家からも多くの刺激を得ました。

――「都市から建築を考える」とは、個々の建築を設計するうえでも、それが存在する都市について同時に考えるという意味ですか？

はい。一つひとつの建築が、都市において何を意味しているか、ということです。一九六四年に発表した *Investigations in Collective Form*（『集合体の研究』）は、メタボリズムのマニフェストに寄せた「群造形へ」（一九六〇年、大高正人*28との共著）を発展させたものですが、今でもアメリカの多くの大学でテキストに使われているそうです。複合体としての環境をとらえる視点によって、むしろ、単体の建築がもつ意味を新しく認識できるということを、〈単体―集合体〉という包括的な概念を用いて説明しようとしたものです。

ケヴィン・リンチの *The Image of the City*（邦訳『都市のイメージ』岩波書店、一九六八年〔新装版二〇〇七年〕）がこの論文を書く数年前に発表され、共感していました。リンチは、エッジ、ノード（接合点、集中点）など五つの構成要素によって、マクロな視点から都市の構成を説明しています。そのときに粒子（grain）という見方も出て

＊28　大高正人：おおたか・まさと（一九二三―二〇一〇）／建築家。東大建築学科卒業、同大学院修了後に前川國男建築設計事務所に入所。一九六二年に独立。作品に坂出人工土地、千葉県文化会館、広島市の基町長寿園団地ほか。

きています。つまり、あらゆる小さいものの集積によって都市ができているという考え方ですね。

メタボリズムのメンバーであった黒川紀章[*29]さんや菊竹清訓[*30]さんは、まず骨格があって、そこから都市ができていくというメガストラクチャー的な考え方をとっていました。しかし、大高さんとの群造形のアイディアでは、都市は粒子からできている、つまり個に力があって、初めて全体がエネルギーをもち得るのではないかと議論したわけです。

コルビュジエのアドバイス

――アメリカでのデビュー作となるスタインバーグ・ホールの設計をされていた一九五八年、今度は、シカゴに本拠を置くグラハム財団のフェロー(特別研究員)の一人に選ばれます。

グラハム基金は、主として若い建築家を含む芸術家たちの自由な研究を支援するための基金で、一万ドルという奨学金は当時最大のものの一つだったといわれています。

一ドル三六〇円で、日本では初任給が一―二万円の時代です。私はワシントン大学で教えていて、年収五〇〇〇ドルだったので、直ちに二年間休職しました(笑)。

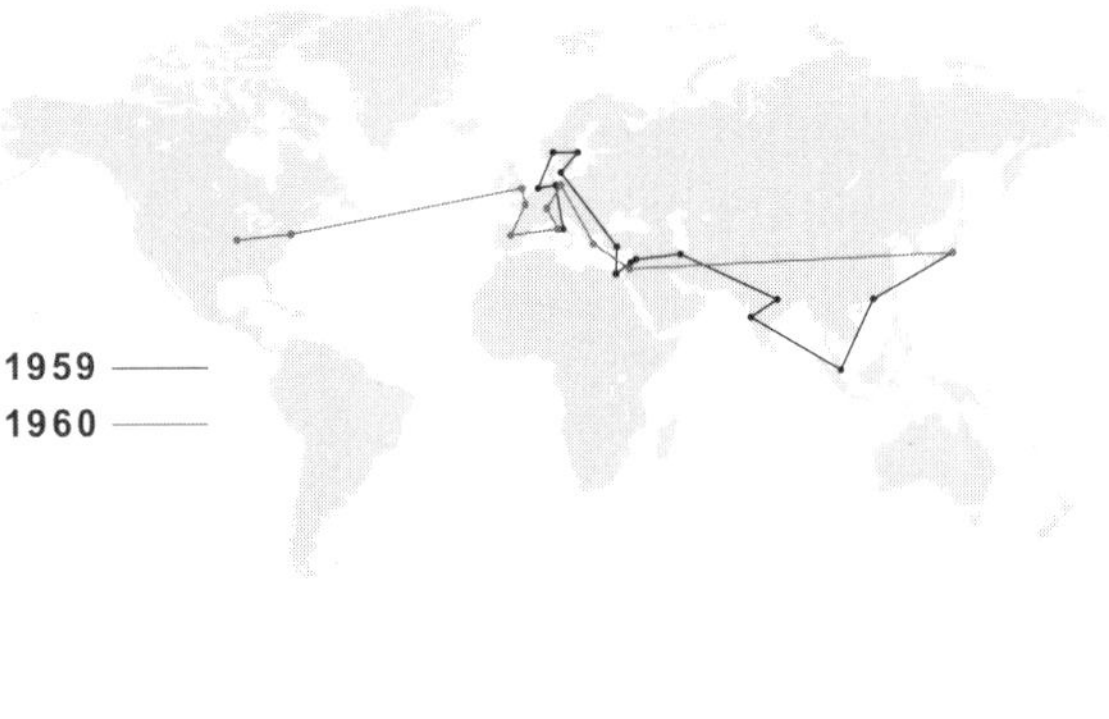

I-6　西方への二度にわたる旅(一九五九、六〇年)

*29　黒川紀章:くろかわ・きしょう(一九三四―二〇〇七)/建築家。

そこで一時帰国して、将来の設計活動の準備をするとともに、二回にわたって、それまで訪れたことのなかった東南アジア、中近東、北から南のヨーロッパをめぐる長い旅に出かけたのです。

――世界旅行のルートは、どのようにお決めになったんですか？

はっきりしていたのは、自分が行ったことのないところ――アジア・中近東・ヨーロッパを見てみよう、ということです。もう一つのテーマは、コルビュジエの建物をぜんぶ見ようということ。最初に彼の作品に出会ったのは、インドのアーメダバードにある繊維会館です。

コルビュジエは一九一一年、二四歳のときに、半年かけてベルリンから東欧、トルコ、ギリシャ、イタリアをめぐる旅に出ています。その「東方への旅」にかけて、こちらは「西方への旅」に出たようなつもりでいました。

――コルビュジエ本人とも、その旅のなかでお会いになったそうですね。コルビュジエが都市計画から携わったインドのチャンディーガルで、彼のアトリエを訪問されたとか。

彼は、本当は英語で喋りたくなかったと思いますが、私もフランス語はできないので、英語で話をしてくれました。そこでもセルトの弟子だ、前川・坂倉を知っているというのはずいぶん役に立ちました(笑)。

その頃、私が日本で初めて手がけた名古屋大学の豊田講堂(一九六〇年竣工)が工

西山夘三の建築・都市観に関心をもち京大建築学科に学んだのち、東大大学院に進み丹下研究室に在籍。作品に中銀カプセルタワー、国立民族学博物館、国立新美術館ほか。

＊30　菊竹清訓：きくたけ・きよのり(一九二八―二〇一一)／建築家。早稲田大学建築学科を卒業後、竹中工務店、村野・森建築設計事務所などを経て、一九五三年に独立。六〇年代に建築評論家の川添登らと「メタボリズム」を提唱した。作品にスカイハウス(自邸)、沖縄国際海洋博アクアポリス、江戸東京博物館ほか。

事中で、ちょうど図面を持っていたのです。それを若気の至りでコルビュジエに見せると、親切に、いろいろ批評してくれました。ただ豊田講堂には、両端の柱をつなぐ耐震壁があるんですが、それは気に入らなかったようです。地震があるからだといおうか迷ったけれど、結局、黙っていました(笑)。でも、「柱をもっと自由に」という彼の言葉は今でも忘れられません。

そのほか、アーメダバードではサラバイ邸やショーダン邸に行き、その後はフランスの、かつて大学でトレースしたことのあるスイス学生会館や、大型集合住宅のユニテ・ダビタシオン、ロンシャンの礼拝堂、ラ・トゥーレットの修道院にも行きました。その頃は実際の建築を手がけることも少なかったので、巨匠による建築群は、素直な感動の対象だったと思います。

偶然に一度会ったことがあるとはいえ、やはり、私たちのジェネレーションにとって、すでにコルビュジエは神格化された存在でした。その分、実際に事務所で働いていた人たちから、人間コルビュジエのエピソードを聞くのは、神様がぐっと身近に感じられるようで、たのしいものでした。

たとえば、弟子たちの話によると、彼はいつも縦長のクロッキー帳をもっていて、旅先でもメモやスケッチを残していたそうです。それを聞いて、私もスケッチブックを使って仕事をするようになりました。コルビュジエの影響力ということでいえば、もう一つ、ボウタイも大きかった。前川國男さんも、セルトも、あるいはハー

I-7 繊維会館

ヴァード時代は私も、皆、ボウタイをよくしていたんです（笑）。

――「西方への旅」のルートを見ますと、建物だけではなく、いろいろな街を見て回られたという印象を受けます。アメリカ以外の文化圏のなかで、人びとがどういうところに暮らしているのか、興味をもたれたのでしょうか。

それは半分は意識的で、半分は偶然です。香港やシンガポールにも行きましたが、やはり、ヒューマンな場所に興味をもっていたとはいえるのかもしれません。

イドラというエーゲ海の島の一つでおもしろかったのは、道路だけでなく、個人住宅の門の前まで漆喰のような素材で塗られているのです。つまり、個と全体の空間が混じり合っている。それは非常に印象的でした。一方で教会に行くと、そこだけ床は白ではなく、オレンジ色になっていて、違う場所なのだということがきちんと示されている。

そのほかのギリシャの島々でも、漆喰の塗壁と瓦屋根の民家が、複雑な地形において単純な形を自在に組み合わせながら、魅力的な集合体をつくり出していることに感動しました。小さな広場を囲み、それに向き合って幾つもの住居群が設けられたりしているのは、「群造形」の発想、そしてパブリック・スペースのあり方について示唆を与えるものでした。

I-8　エーゲ海西部に位置するイドラ島

国家から資本主義へ

――槇さんの建築に対する基本的な考え方として、モニュメンタルな、非日常的な空間ではなく、日常の生活そのものを支えている空間に興味を示されてきたように感じます。

たしかに、高層ビルよりも広場のほうに興味をもってきたし、今でもそれは変わりません。たとえば自分の原風景みたいなものに、あまり建物は出てこないのです。「西方への旅」でも、幾つか広場のすばらしい例と遭遇しました。たとえば、ギリシャのパナティナイコ・スタジアムは、小高い丘を馬蹄型にくり抜いた野外劇場です。おそらく競技場が人で埋まったときは、まったく違った空間があらわれるのだと思いますが、一九五九年の夏、がらんとした広場に偶然出会ったときは、心が静かになる感覚がありました。そこで一八九六年の第一回近代五輪が開催され、ふたたび二〇〇四年のアテネ五輪でも、メインではないですが競技会場として使われています。

もう一つ、イランの古都イスファハンのイマーム広場にほど近いところには、全長約二キロの大通りがあります。幅一〇〇メートルの通りの両側は、街路樹と店舗の並ぶ歩道になっていて、その中央の少し高くなったところを、もう一つの歩道が

I–9　イスファハンの大通り

貫いています。そこは、物を買ったり、せわしく家路をいそぐ人と交わったりすることなく、散策をたのしむ人たちのためのブールヴァールで、一人ひとりの存在の尊厳が、見事に確保されていると感じました。

コルビュジエは「建築の最大の師は歴史である」という言葉を残しています。おそらく「時」の審判を経たもののみが、建築を学ぶ対象として価値あるものだといっていたのだと思います。彼は、社会性について考え続けていました。かなり広い意味での社会性というものを。

――コルビュジエは、亡くなる直前、自分の原点は「東方への旅」にあったとして、旅日記やスケッチをもとに、本を出版しようとしていました。その本は没後に出版されますが、そこに掲載されている旅程地図を見ると、色々な都市にI（インダストリー＝工業）、C（カルチャー＝文化）、F（フォークロア＝民俗）と三つのイニシャルがスタンプで押してある。当時、最前線であった「I」つまりインダストリーだけを追うのではなく、長い建築の歴史のなかで何が変わらないものなのかを正確に見定めようとしていた彼の姿勢が印象的でした。

それにしても、草創期のモダニズムがもっていた社会への提案という使命感は、どこへ行ってしまったのでしょうか。

建築評論家の飯島洋一さんによる『「らしい」建築批判』（青土社、二〇一四年）の終盤では、権力について明快に書かれています。ヨーロッパの建築では、最初に教会があって、国家があって、それから資本主義という、三つの巨大権力が登場してきた。そのなかで、やはりコルビュジエから丹下先生の時代までは、国家が大きな存在であったと思います。

一九六八年の五月革命と称されるものからその予兆はありましたが、八九年にベルリンの壁が崩壊すると、資本主義に歯止めがかからなくなってきた。そのあいだにいったい建築家は何をしたのかということが重要だと思います。それぞれの建築家たちの体験を、歴史のなかに位置づける作業がもっと必要なのかもしれません。

チームXのミーティング

Ⅱ章　五月革命の頃——アーバン・デザインとは何か

1964東京五輪

――二〇二〇年のオリンピック開催に向けて、東京の各地で再開発が進んでいます。

一九六四年の日本で初めての五輪開催にあたっては、東海道新幹線や首都高速道路の開通に代表される大規模なインフラ整備が行なわれました。戦後復興を経て、さらなる変化を遂げてゆく一九六〇年代の都市の様子を、槇さんは日本とアメリカからどうご覧になっていたのでしょう。前回の東京オリンピックについて、何か記憶に残っていることはありますか？

じつは、それほどないのです。留学のため渡米した一九五二年から六五年までは、メタボリズムへの参加を除けば、日本の様子を横から眺めている感じでした。もちろん、帰国するたびに東京の変貌を見届けていたという実感はありました。これまで道路のなかったところに高速自動車道が割り込んできて町が切断されたり、広くなった道路の両側に、高層の建物が並び始めたりしていた。

いまからおよそ一〇〇年前に敷設された山手線と中央線が、今日の東京の骨格を決めたと思いますが、これらの鉄道網を見てみると、たとえば山手線では、新宿から渋谷、恵比寿、目黒、五反田、大崎と谷間を選んで走っていますね。中央線も同様です。パリのシャンゼリゼ通りのように、視覚的な効果を重視して都市を考えるのではなく、拡大する人口に対して、どうしたら最も効率よく、ミニマムなコストでネットワークをつくることができるかというところから都市計画が始まったわけです。

お堀を埋めた上にそのまま高速道路を走らせたのも、これと同じ発想です。それまでは、日本料理屋なんかが堀に沿ってならんでいて、風情がありました。東京が水の街であった記憶を伝える一つの装置がなくなったのは残念なことです。

揺らぐエスタブリッシュメント

――一九六〇年代から少しさかのぼって、一九五六年に開かれたハーヴァード大学でのアーバン・デザイン会議についてあらためてお話しいただけますか。『漂うモダニズム』(左右社、二〇一三年)では、その第一回会議をふり返って、「新しい歴史の幕開け」を意識されたと書かれていますね。

アーバン・デザイン会議は、その頃ひろく社会的な関心を集めていた都市問題を大きく取り上げようと、当時のデザイン学部長だったホセ・ルイ・セルトが主催したものです。

戦後間もない頃に、アメリカの建築教育界で先導的な立場にあったのは、世界大戦下でヨーロッパからわたってきた建築家たちでした。量産住宅や機能主義的な建築を志向していたワルター・グロピウス[*1]はハーヴァードを拠点に、同じドイツを離れたミース・ファン・デル・ローエ[*2]はイリノイ工科大学を拠点に、いわゆるヨーロッパのモダニズムを――といっても、それぞれが自分なりの見解をもった形で――展開しようとしていました。

前回もお話ししたように(I章)、セルトはハーヴァードで私の直接の師にあたり、彼のアトリエでも一時働いていました。その後、私は博士号取得のため大学で幾つかのコースを取っていて、このアーバン・デザイン会議にも参加するチャンスがありました。

とりわけ強い印象を与えたのは、フィラデルフィアの地域再開発計画を説明する痩軀のエドマンド・ベーコン[*3]から伝わってくるエネルギー、それに、フロアから発言したジェイン・ジェイコブズ[*4]の、ニューヨークのコミュニティ崩壊を危惧する熱烈な訴えでした。彼女はストリート・ソサエティの保存を主張し、従来の都市計画や公共住宅政策に対して、都市を、そこで働いたり、生活する人たちの視点から再考すべきだと発言していました。

――行政やディヴェロッパーが都市の上から計画の網をかけるような、トップ

Ⅱ-1　ホセ・ルイ・セルトと(一九六二年撮影)

*1　ワルター・グロピウス/I章*23参照。

*2　ミース・ファン・デル・ローエ/I章*7参照。

*3　エドマンド・ベーコン:Edmund Norwood Bacon(一九一〇―二〇〇五)/アメリカの都市計画家、建築家。一九四〇年代末―七〇年まで、フィラデルフィア都市計画委員

ダウン式の再開発の姿勢に疑問が呈されてきたということですね。

ハーヴァードを起点に、個々の建築と都市との関わりを重視するアーバン・デザインの発想がひろがっていく。その一方で、このままモダニズム建築が普及し続けたとき都市の環境はどうなってしまうのかと、再開発の動きとそれに対する異議申し立てのせめぎ合いが激しくなっていくのが、一九六〇年代だったと考えています。

私が過ごした一九五〇年代から六〇年代前半は、アメリカが最も富める国家として、世界に覇を唱えた時期にあたります。しかし、高度に成長した資本主義経済のもと、大衆社会が抱える矛盾が、多くの論者によって顕わにされ始めた時期でもありました。

ニューディール以降の積極的な公共住宅政策の挫折、郊外都市の拡大、都市貧困層が直面する不平等、都市中枢部への移民の流入――これらの噴出する都市問題にセルトは取り組もうとしていました。

――第一回アーバン・デザイン会議が開かれた一九五六年に前後して、CIAM[*5]（近代建築国際会議）では、若手建築家たちが草創期の近代建築をリードした世代に強く異議を唱えるようになり、「チームX《テン》」といわれるグループが形成されてゆきます。

ル・コルビュジエたちCIAMの世代と次の世代の変わり目を、どう見てお

会のエグゼクティヴディレクターを務め、同市の戦後の再開発とアーバン・デザインを主導した。

＊4　ジェイン・ジェイコブズ：Jane Butzner Jacobs（一九一六―二〇〇六）／アメリカ・ペンシルヴァニア生まれの作家、ジャーナリスト、活動家。一九五〇年代後半から六〇年代にかけて、自らの暮らすニューヨークのグリニッジヴィレッジ近隣での幹線道路建設や再開発に対する反対運動に参加。それ以降の都市計画のあり方や住民運動に大きな影響を与えた。一九六八年にカナダのトロントへ移住。著書に『都市の原理』（鹿島出版会）など。

＊5　CIAM／Ⅰ章＊26参照。

られましたか。

その移り変わりのなかには、私もいたんだろうと思います。セルトにとって、アーバン・デザイン会議、あるいはチームXは、分裂・消滅の危機にあったCIAMの思想と実践の基盤を移し替える場でした。

一九二〇年代末に始まったCIAMは、必ずしもル・コルビュジエ[*6]や歴史家のジークフリート・ギーディオン[*7]たちが主導したものではなく、その世代の、多くのヨーロッパの建築家の集まりでした。「アテネ憲章」ほか、数多くのマニフェストを発表し、それらはヨーロッパのモダニストたちの問題意識を伝えるものとして、日本の建築界にも影響を与えていたのです。

――一九三三年に開催されたCIAMの第四回会議のテーマは《機能的都市》でした。そこで起草されたアテネ憲章は、四つの観点――住居、仕事場、レクリエーション、交通――から現代都市の危機を分析し、その対策を提案した理論的な宣言ですね。ゾーニング、高層住宅への信頼など、コルビュジエの思想が強く反映しているといわれています。一九四三年にこの会議の資料を出版する際、セルトは、「私たちの都市は生き残ることができるのか」という論考を記し、《都市のコア(公共的中心)》という観点も加えています。

なぜCIAMが危機におちいったか。CIAMによる理論の多くは、いまいわれたように諸機能の都市のなかの配置を示すもので、その配置は非常に具体的・体系

＊6　ル・コルビュジエ／I章＊18参照。
＊7　ジークフリート・ギーディオン／I章＊24参照。

的かつ教条的でした。そのために、たとえば住居や学校のデザインにおいて、個々の建築家がそれぞれの解を模索し、表現を深めていくよう促すというより、萎縮させる効果をもつものになっていきました。

そうした教条的、画一的な都市理論に対して、当時四〇―五〇代だったチームXのメンバーたちは、リージョナリズムや人間の連帯という視点から新しい理論武装を試みたといえます。

チームXは何にぶつかったか

一九六〇年の夏、チームXの会議に招かれ、南フランスの小さな町バニョール・シュル・セーズを訪れました。今日の多くの形式的な国際会議とは異なって、激しい討論のなかでも、当時の前衛としての誇りや友情に支えられた、人間味あふれるやりとりがなされていました（本章扉写真参照）。

メンバーはそれぞれ家族を連れてきていて、議論をするそばで奥さんたちが裁縫をしたり、子どもが遊んだりしていた。オランダのアルド・ファン・アイク[*8]やイギリスのスミッソン夫妻[*9]など、終生、同志的なつながりを保っていく人たちが出会う、親密な交流の場でした。個人的にも、ハーヴァードとワシントン大学で同僚だったファン・アイクとはよく一緒に旅行をしたり、映画を見に行ったりしました。

＊8　アルド・ファン・アイク：Aldo van Eyck（一九一八―一九九九）／オランダの建築家、都市計画家。チューリヒ工科大学などで建築を学ぶ。一九四六―五一年のあいだ、アムステルダム市都市開発部に勤め、数多くの子どもの遊び場をデザインした。オランダ構造主義の中心的人物としても知られる。作品にナーヘレの小学校、アムステルダムの母の家ほか。

＊9　スミッソン夫妻：Alison Smithson（一九二八―一九九三）＆ Peter Smithson（一九二三―二〇〇三）／一九五〇―六〇年代のイギリスを代表する建築家。その後もイギリス内外の建築界に多大な影響を与えた。作品にエコノミスト・ビル、ロビン・フッド・ガーデンズほか。

——いま顔ぶれを見ると、具体的なデザインのスタイルや、建築に対する考え方は、メンバーのあいだでかなり幅がある印象です。CIAMに代わって建築家たちが結集できるような、新しいマニフェストなり目標なりは存在しなかったのでしょうか。

メンバーはそれぞれ自分の建築を通して何かを言おうとしていましたが、それが一つのムーブメントになっていくわけではありませんでした。ただ、イタリアのBBPR*10という事務所が設計した、ミラノのトーレ・ヴェラスカ(一九五八年竣工)に——私は、この建築をポストモダンの最初のページを飾る作品だと思っていますが——多くのメンバーは批判的でした。自分たちが思っているモダニズム、チームXの存在にかかわる挑戦であると、危険性の予兆を感じたのでしょう。

——トーレ・ヴェラスカは、中世イタリアの塔を模したような形で、下部の住居部分から上部の事務所部分が大きく張り出し、それを近くの大聖堂を思わせるフライング・バットレス(飛梁)が支えています。

上部の窓は無秩序に開けられ、全体として高層建築にありがちな単調さを乗り超えようとする造形表現が強く前面に出ていました。それはモダニズムの合理的で禁欲的な原則論を破壊する、ロマン主義的な折衷として激しく批判されたそうですね。

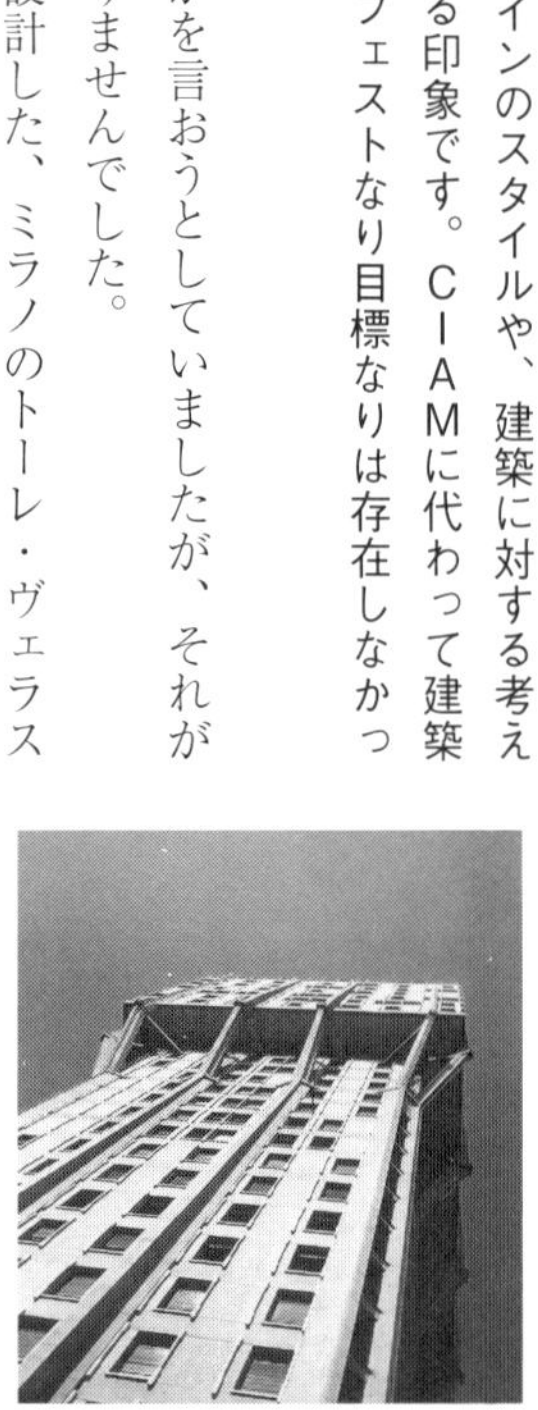

II-2 トーレ・ヴェラスカ

*10 BBPR：BBPR Architectural Studio／イタリアの建築家エルネスト・ロジャースら四人の建築家が一九三二年にミラノで立ち上げた建築設計グループ。作品にナチスドイツ強制収容所犠牲者の記念碑(ミラノ記念墓地内)ほか。

一言でいえば、トーレ・ヴェラスカは、歴史主義的な色彩の濃い姿をもった建築で、チームXのメンバーは、それをモダニズムに対する批判的な動向であるととらえていたと思います。

当時は、建築の材料、構造、設備における技術の進歩に支えられて、巨大構造物によって都市空間を集約し、機能性を高めようとするアイディアが、多くの建築家たちを魅了していました。チームXのメンバーたちは、「空中都市」構想などを発表したヨナ・フリードマン[*11]によるメガストラクチャーや、建築群に大きな屋根を架けようとするテクノユートピアに対しても、警戒感を抱いていました。

しかし、メガストラクチャーを否定しつつ、激増する人口の下で発生する居住の問題にどのような解を出すのか？　一九六〇年の会議の集中議題は、まさに、この過密都市化のなかの居住問題でしたが、彼らの提唱する人間的・地域主義的なアプローチが、具体的な答えを導きだせなかったことを記憶しています。現代都市の複雑な様相は、ヨーロッパの建築家たちが夢見た、新しいタイポロジーの確立を拒否した側面があったといえるでしょう。

*11　ヨナ・フリードマン：Yona Friedman（一九二三―）／フランスの建築家、都市計画家、デザイナー。ハンガリーのブダペストに生まれる。ドローイングや模型とともに「可動建築」「空中都市」といったアイディアを発表し、メガストラクチャーの時代といわれる一九五〇年代後半―六〇年代初頭のユートピア的建築に影響を与えた。

メタボリズムに参加して

――同じ一九六〇年、東京では世界デザイン会議が開かれました。槇さんも日本に一時帰国してこの会議に参加しておられます。日本にとって最初で最大といわれた、都市計画、建築、デザインの各領域にわたる国際会議です。

多くの著名な建築家が招かれ、アメリカからポール・ルドルフ[*12]やルイス・カーン[*13]、ニューヨークの世界貿易センタービルを設計したミノル・ヤマサキ[*14]も来日しています。

この会議のため、評論家の川添登[*15]さんらが中心となって結成されたのがメタボリズムです。デザイン会議に合わせて発表された『METABOLISM/1960』(川添登編、美術出版社、一九六〇年)によれば、「「メタボリズム」とは、来るべき社会の姿を、具体的に提案するグループである」。都市化の進行とそれによる混乱、大衆消費社会の出現を背景に「代謝(メタボリズム)」を掲げたこの建築運動は、近年、国内外で再評価され、大きな展覧会も開かれました。

菊竹清訓[*16]による「海上都市」、黒川紀章[*17]による「農村都市計画」など、都市を固定的な存在ではなく、生物のように、空間や設備を取り替えながら絶えず変化、成長する存在ととらえた壮大な構想が次々と打ち出されました。

このメタボリズムの登場と、いまうかがったアメリカでの動向との関わりについて、どう考えておられますか。

『METABOLISM/1960』で提案されているアイディアの多くは、都市が、巨大な架構とそれにプラグ・インされる要素群から成立するという、やはりその頃世界的な関心を集めていたハイテク思想を中心に展開されたものだと思います。議論の活

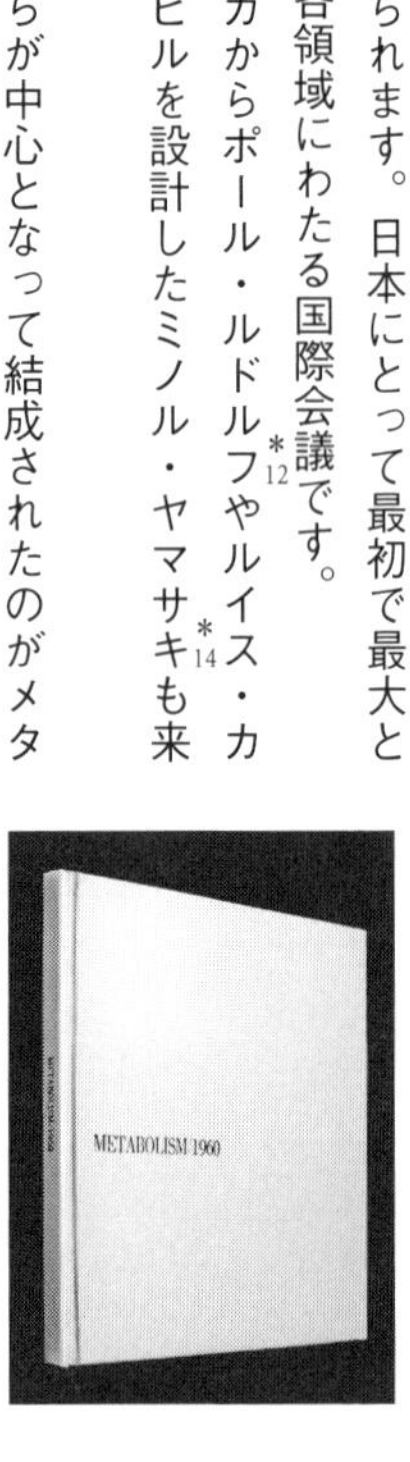

Ⅱ-3 『METABOLISM/1960』

*12 ポール・ルドルフ:Paul Rudolph(一九一八―一九九七)/アメリカの建築家。アラバマ工科大学建築学科卒業後、ハーヴァード大学大学院に進みW・グロピウスの下で学ぶ。一九五八―六五年イエール大学建築学部長。作品にイエール大学芸術・建築学部棟ほか。

*13 ルイス・カーン:Louis Isadore Kahn(一九〇一―一九七四)/アメリカの建築家。帝政ロシア下のエストニアに生まれ、幼少期に家族でフィラデルフィアへ移住。イェール大学、ペンシルヴァニア大学教授を歴任。作品にイェール大学アートギャラリー、ソーク生物学研究所、キンベル美術館ほか。

*14 ミノル・ヤマサキ:Minoru Yamasaki(一九一二―一九八六)/建築家。アメリカ・シアトルに生まれ

発化した大都市の改造計画、新都市計画は、その巨大構造に実現のチャンスを与える意味をもっていました。

先にも少し触れましたが、私の立場が、他のメタボリストたちと異なっていたとすれば、都市は形態やシステムによって支配されるものではなく、それぞれ固有の存在であるエレメント——すなわち意志をもつ個による支配が究極的には必要である、と考えていたことです。

ジェイコブズは、一九六一年に出版した *The Death and Life of Great American Cities*（邦訳『アメリカ大都市の死と生』鹿島出版会、一九六九年（新版二〇一〇年））のなかで、都市の様態の分析、予測が困難である理由の一つとして、都市は、意志ある個の集合がつくりだす社会環境であることを挙げています。都市社会が膨張し、内的流動性を増す時代においては、たしかに意志ある個が多数存在し、異なった利益を求めて行動することが顕著になっている。そうしたなかでは、建築家やプランナーが都市の全体像を示す意義が急速に減少するという現実があったわけです。

闊達な議論が育んだもの

メタボリズムの基盤には、ちょうど昨今の中国のように、未来に向かって夢を実現していくという希望がありました。しかし現在の中国大陸がグローバル経済のも

た日系二世で、苦学のすえワシントン大学建築学科を卒業後、ニューヨーク大学大学院建築学科修士課程を修了し、一九四九年に独立。作品にセントルイス空港ターミナル、世界貿易センタービルほか。

＊15　川添登：かわぞえ・のぼる（一九二六―二〇一五）／建築評論家。一九五三―五七年『新建築』編集長を務める傍ら、岩田知夫のペンネームで建築評論を執筆。六〇年メタボリズムに参加。七二年、日本生活学会設立。著書に『生活学の提唱』（ドメス出版）など。

＊16　菊竹清訓／Ⅰ章＊30参照。

＊17　黒川紀章／Ⅰ章＊29参照。

と、国際資本と建築家の草刈り場となっていることに比べれば、メタボリズムは考えるゆとりのある運動であったといえるでしょう。

チームXには四十七士のような雰囲気がありましたが、メタボリズムは高校球児の雰囲気で、世界デザイン会議で必ず勝利しなければと意欲に燃えていた（笑）。ピッチャーは菊竹さん、大高正人[*18]さんはキャッチャー、黒川さんは華々しいショート・ストップ、私は全体が見渡せるセンターフィールドにいて、丹下健三[*19]先生と磯崎新[*20]さんは、仲良くダグアウトのほうから観戦している——そういう印象でした。

メタボリズムも、チームXのように、みんなそれぞれ違うことをしていい、都市に対する提案や考えがあれば、大胆に発表していこうという、大らかなスタンスがありました。背景には、メンバーではありませんでしたが、丹下先生の影響が強くあったと思います。

——東京大学では、丹下健三や高山英華[*21]の働きかけによって、一九六二年に建築学科から独立した都市工学科ができました。

槇さんは日本に戻ってから、磯崎さんとともにそこで非常勤講師をされていますが、その経験も大きかったのでしょうか。

アメリカでは、およそ八年にわたって、おもに建築デザインの教育者としてのポジションにありました。その後、東京をベースに建築家としての活動を始めますが、大学院での丹下先生との接点は、その後も都市について考え続けるうえで重要なも

＊18　大高正人：I章＊28参照。

＊19　丹下健三：I章＊1参照。

＊20　磯崎新：いそざき・あらた（一九三一—）／建築家。東大建築学科卒業。同大学院で丹下研究室に所属し、一九六一年博士課程修了。六三年に独立。作品に群馬県立近代美術館、つくばセンタービル、ロサンゼルス現代美術館、カタール国立コンベンションセンターほか。

＊21　高山英華：たかやま・えいか（一九一〇—一九九九）／都市計画家。東京帝大建築学科卒業後、一九四九年に東大教授となる。六二年に都市工学科を創設。都市計画を建築学の分野として位置付けた。戦後は各地の復興計画に取り組み、東京オリンピックや大阪万博の施設計画で主導的役割を果たしたほか、高蔵寺ニュータウンなどの計画にも携わった。

のでした。

——建築から都市工学へという変化には、どのような背景があったのでしょう。つまり、モダニストたちが一つひとつの建築をつくっている時代から、建築を通して、都市に対してもっと積極的に提案をしていかなければならないとの共通認識から生まれてきたのか。それとも、都市もデザインできるんだと、スター建築家が自分たちの活動領域を広げていく野心のようなものがあったのか。

後者のほうではあまりなかったと思います。なぜなら、たとえばニュータウンのプロジェクトなどは、一人の作家の作品というよりも、もっと複雑な、多数の人びとの共同作業として遂行されていったからです。

丹下先生は、お話ししたように大学ではヨーロッパの都市史を教えていて、一貫して都市に関心を寄せておられました。丹下先生が助教授だった時代の教授は高山英華先生で、この体制で戦後日本の都市デザインの基礎がつくられました。一方、京都大学には西山夘三[*22]さんがおられて、東の高山・丹下、西の西山という構図でした。丹下研究室からは、メタボリズムのメンバー以外にも、日本都市総合研究所を設立された加藤源さんをはじめ、その後の日本のアーバン・デザインにかかわる人たちが多く輩出しています。

＊22　西山夘三：にしやま・うぞう（一九一一―一九九四）／建築学者、都市計画家。京都帝大建築学科卒業。住宅営団、京都帝大営繕課などを経て、一九六一年京都大学教授に就任。住宅問題、住居学、都市計画と幅広い分野で業績を残す。寝食分離の住宅様式を提唱したことでも知られる。著書に『これからのすまい』（相模書房）など。

スチューデント・パワーとの遭遇

――槇さんは一九六五年、東京で事務所を設立されます。村野藤吾[*23]による高島屋増築の近くだったそうですが、日本橋にオフィスを構えられたのには何か理由があったのでしょうか。

当時の、菊竹清訓さんの事務所も近所でした。ただ便利なところをと思ってそこにしましたが、その頃すでに日本橋は銀座とある程度つながっていて、大通り沿いは中高層のビルで覆われ始めていました。二、三〇人は入るところでしたが、右肩上がりの経済も手伝って、仕事が軌道に乗るにつれ、近くのビルのスペースを借りたりもしました。

――槇さんが日本での活動を本格化させる一九六〇年代後半は、パリの五月革命やヴェトナム戦争反対など、若者たちによる運動が世界的なうねりを見せる時期ですね。

じつは、五月革命に先立つ一九六七年、二年ぶりに客員教授としてハーヴァードで教える機会があったのですが、学生たちの雰囲気はまったく変わっていました。これまでの要領で授業を始めようとすると、数人の学生が、それまで我われがベースにしてきた大学院のカリキュラムを受けつけようとしないのです。なぜ課題を

＊23　村野藤吾：むらの・とうご（一八九一―一九八四）／建築家。早稲田大学建築学科卒業後、渡辺節建築事務所を経て、一九二九年独立。モダニズムの手法を実践しながらも、ゆたかな装飾性、様式的意匠をもつユニークな建築を数多く手がけた。作品に世界平和記念聖堂、読売会館、甲南女子大学ほか。

一方的に押し付けてくるのか、カリキュラムそのものの共同提案から作業を始めるようにと主張する。あるいは、ディスカッションの際に、我われが「コルビュジエであったらこの場面ではこうするのでは」と口にすると、その言葉をすぐにつかまえて、コルビュジエに自分たちは興味をもっていない、コルビュジエ云々で問題に対応しようという批評は好まない、とはっきり述べる。なぜ、お互いの対話がこうもちぐはぐなのか、最初は事情が飲み込めず、ずいぶん戸惑いました。

彼らは、けっして安くはない月謝の見返りに、そこそこのアーバン・デザインの技術を習得することより、アーバン・デザインの今日的課題とは何かをもっと議論する必要があると考えていて、最後までそこから一歩も譲らない態度を取り続けた。三〇代からようやく四〇代になった私は、前衛ではなかったとしても、建築家、都市デザイナーとしてまだ若い世代に属していると思っていました。しかし学園紛争をきっかけに、自分たちと異なる価値観をもつ若者たちが台頭してきたことを、身をもって体験したわけです。

——日本で一九六〇年代末の大学闘争が激化する前に、アメリカのスチューデント・パワーを目撃されたのですね。

この時代は、先に述べた都市問題の深刻化もあって、アカデミシャン、各都市の建築家、都市計画家、行政官、ディヴェロッパーなど、異なった専門領域のあいだで、活発な交流が行なわれるようになっていました。学生たちの主張は、専門家主導から、住民も含めて、「皆で計画をつくる」方向への発展と共鳴していたのかもしれません。ブラック・パワーの運動もあって、行政や大資本と手を組むのではなく、スラムに自ら入り込んで、内側から環境づくりに携わっていこうとする手法も注目を集めていました。

五月革命の前後は、都市はこうあるべきだとする新しい発想が、少なくとも意見としては出てきた時代でした。都市にかかわる者にとって、思考と実践の現実という二つの場において、重要な転換期だったのではないかと思います。

建築家たちのリレー

――一九七〇年に刊行された川添登さんとの共著『現代建築――対談　都市空間の原点を求めて』（筑摩書房）で槇さんは、「建築とはもっとも人びとの日常生活にかかわりの深い環境芸術」であり、「生活を理解し、社会を考えることはたんに建築のなりたちを理解する上だけでなく、実際に発想していく段階においても新しい思想の萌芽になり得ると確信している」と発言されています。また、一九六四年に出版されたバーナード・ルドフスキー[*24]の *Architecture Without Architects*（邦訳『建築家なしの建築』鹿島出版会、一九七六年）に触れながら、どんな社会にも、長い年月をかけた住民たちの「知恵」の蓄積があり、

＊24　バーナード・ルドフスキー：Bernard Rudofsky（一九〇五―一九八八）／アメリカの建築家、批評家。オーストリア＝ハンガリー帝国下のモラヴィアに生まれる。ウィーン工科大学で博士課程を修了。一九四一年に渡米するまでヨーロッパ、南北アメリカ各地を旅する。ニューヨーク近代美術館で「建築家なしの建築」などの展示を行ない、注目を集めた。著作に『人間のための街路』（鹿島出版会）など。

建築家はそれをどういったかたちで発見し、アーバン・デザインに取り入れていくかが大事である、とも述べています。

大阪で万博が開催されたのも同じ一九七〇年ですが、人びとの生活や土地のなりたちに根ざした視点から都市を考えていた建築家は、当時の日本にはほとんどいなかったように感じます。ジェイコブズや、ルドフスキーからの影響が大きかったのでしょうか。

それもあるのかもしれません。でも、むしろ東南アジア―中近東―ヨーロッパをめぐる「西方の旅」の体験、そこで身体に残っていたものが、その本での発言のもとにあるのではないかと思います。エーゲ海の群島の街にしろ、イスファハンの大通りにしろ、はるか昔、誰がつくろうといい出したかはわかりませんが、街の真ん中に人間中心の場を据えようとする姿勢が衝撃的だったのです。

ただ、この本を出したとき、川添さんが期待している建築家像に、自分は十分に応えられていないという感触もありました。川添さんは、たとえば当時の丹下先生や黒川さんのように、建築家とは社会変革を牽引するリーダーであるべきだと期待していたようです。

私自身は、今日の建築家の役割は何かというとき、マラソンリレーのバトンをつないでいくことではないかと思っています。

前の世代のバトンをもらったら、今度は、ぜひ次の世代に自分が渡したいと考えていることをバトンにこめて渡す。それが建築家の一つの責任であるし、目的でもあると思います。自分は特別だ、リレーとは関係ないと別の方向に走り出す建築家はもちろんいてもいい。あるいはグループから離れてトボトボと一人歩き続けるものもいる……世の中は様ざまあったほうがおもしろいんだともいえます(笑)。

バトンをつなぐとは、特定の先生にゾッコン参って、その人の後を継ぐという意味ではありません。メタボリズムについて、私は外野で全体を眺めていたといいましたが、そのスタンスはずっと変わっていないのです。それに、建築家として、もちろん自分なりの仕事をしなければならない。しかし、先達との遭遇を介して、建築とはこういうものだという理解を自分のなかに吸収していく——そういう側面は、おそらくどの建築家のキャリアにもあるのではないかと思います。

Ⅱ-4 立正大学熊谷キャンパス

尊厳のある一人の場所を

——「西方の旅」で印象づけられたという誰もが集うことのできる公共空間は、槇さんのその後の実践においても重要なテーマとなっていきますね。

事務所を設立されてすぐに立正大学熊谷キャンパスの設計を手がけられますが(一九六五—六七年)、学生たちの最も密な交流の場になるという階段、あるいは広場と建物の連結部分を、特に注意深く設計されています。

立正大学に始まって常に考えてきたことの一つは、開放性ということです。二〇一二年にオープンした東京電機大学の東京千住キャンパスでは、周辺で暮らす人、仕事をする人、あるいはより広域の足立区民を念頭において、徹底的に開放されたキャンパスを目指しました。敷地の周りからはもちろん、南側の小学校のある地域からも、直接、大学の敷地を横断できる通りがあります。また、道路に接するキャンパスの周縁を緑化したり、休憩用のベンチをたくさん置いて、境界にクッションを設けています。

そうしたら、開放してひと月もしないうちに、近くの保育園の先生が園児たちを連れて南側の広場に遊びにきていました。子どもたちはピロティに抱きついてみたり、いつもと違う空間体験ができておもしろがっているようです。こちらも想像しなかったことですが、大学の広場が、子どもの広場にもなっていたのです。ひろく地域の人たちにも開かれたキャンパスは、比較的治安のよい日本でも数少ないケースだそうです。

誰もが行かれる場所ということでいえば、隈研吾[*25]さんによるアオーレ長岡(二〇一二年竣工)の屋内広場も近年、印象にのこった作品の一つです。

私はコンペの審査員でしたが、長岡市役所やアリーナなどが入るこの複合施設は外観のない、中心がぽっかりと空いているようなデザインでした。だから自ずと真ん中につくられた大きな広場に視線がいく。また上層階ではなく、一階の広場に面

＊25　隈研吾：くま・けんご(一九五四―)／建築家。東京大学教授。東大大学院建築学専攻修了後、日本設計、コロンビア大学客員研究員などを経て一九九〇年に独立。作品に根津美術館、歌舞伎座(第五期)ほか。

Ⅱ-5　東京電機大学東京千住キャンパス

したところに議場がつくられていて、一部はガラス張りになっています。四階の市長室や議長室もやはりガラス張りで、市民たちの集まる広場を部屋から直接見ることができる。

このように、空間を区切ったり、人の行き来を制限したりするのではなく、より多くの人間が共有することで安全な空間をつくるというアプローチは、もっとひろげていかれるのではないかと思います。

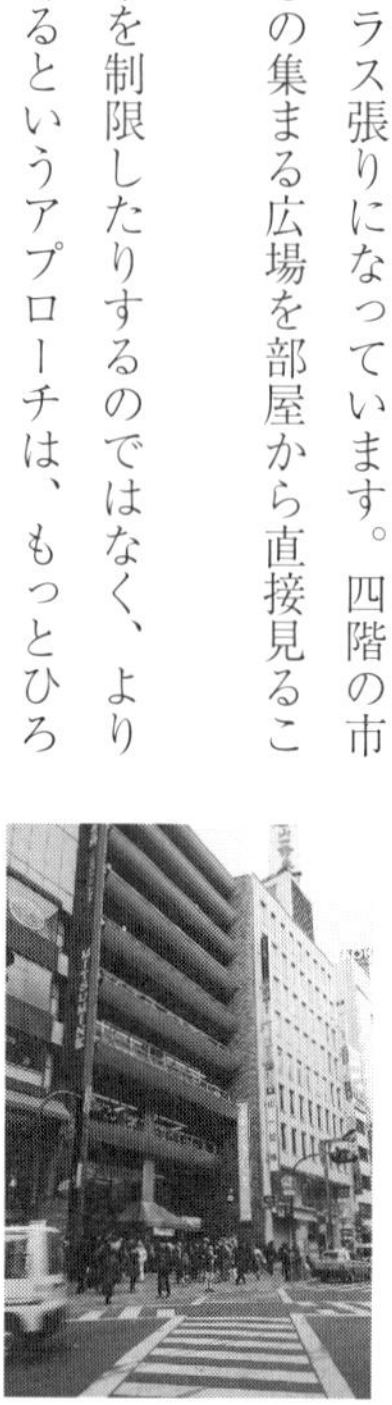

Ⅱ-6　紀伊國屋ビル

――先ほどアクセス道路のお話が出ましたが、前川國男[*26]が設計した新宿の紀伊國屋ビル（一九六四年竣工）の一階には待ち合わせのための小さな広場があって、そこに街路を引き込んで、建物のなかを通り抜けられるようにもなっています。施主である紀伊國屋書店創業者の田辺茂一と相談して、こうした工夫を考えだしたそうです。前川國男も、建築の公共性や広場のあり方を常に考え、提案し続けた建築家の一人だと思います。

二〇世紀の日本建築界を代表した三人のマスターを、前川國男さん、それから丹下さん、村野藤吾さんとするならば、丹下さんや村野さんは〈Aesthetic Performance（建築の美）〉を究極の目的とされていたと自分は考えています。前川さんは、その美的問題と同等の関心を、〈Building Performance（建築の効用）〉にも寄せて、建築が直面する風化や劣化の問題にも取り組んでおられた。竣工後も、毎年その建物の前に関係者を集めて、そこで発見された技術的課題を皆で議論していたと聞いたこと

＊26　前川國男／I章＊8参照。

があります。

――二〇一四年一一月、金沢市民芸術村での槇さんと谷口吉生[*27]さんの対談を横で聞いていておどろいたのは、ニューヨーク近代美術館（ＭｏＭＡ）の増改築を谷口さんがコンペで提案されたとき、五三番街と五四番街をつなぐロビーのアイディアをアドバイスされたのは、槇さんだったそうですね。現在のＭｏＭＡのイメージのなかで、あの共有スペースは決定的な要素になっています。

共有スペース、広場を中心に街を考えることは、建築家が人びとと対話するうえでも有効ではないでしょうか。なぜなら、一般の人たちにとって、建築の姿は、実際にできあがるまでなかなかイメージしづらい。つまり要求を形にして述べづらいところがあるからです。所有者の意思だけが重要とされ、議論が途絶えてしまうこともあります。その点、広場に対しては、自分はこういう場所がほしい、こういう空間は好きではないと、だれでも意見が言いやすいと思います。

オープン・スペース、あるいは、パブリック・スペースなどというと、狭い意味での公共施設を想像されるかもしれませんが、都市のなかに豊かなコモンズをより多くもつよう働きかけることは、民間の建築設計においても可能です。高層のアパート群であっても、たとえば道路に接したところに、一人でいても落ち着く環境をつくることができるかどうかが、重要な指標になります。

百貨店に行くと、エスカレーターやエレベーターの近くに椅子が置いてあって、

＊27　谷口吉生：たにぐち・よしお（一九三七―）／建築家。慶應義塾大機械工学科卒業後、ハーヴァード大学建築学科で学ぶ。東大都市工学科丹下研究室などを経て一九七九年独立。作品に土門拳記念館、東京都葛西臨海水族園、ニューヨーク近代美術館新館ほか。

そこに座り込んで時間を潰している人が多くいますね。そういう場所ではない、もっとディグニティのある一人の場所を、私たちの都市社会はもつべきです。

代官山のヒルサイドテラスには、「ヒルサイドカフェ」というちょっとした喫茶スペースがあります。昼過ぎにそこへ食事に行くと、きまって同じ席に、同じ人がいました。そのカフェはいつもがらんとしているので、自分の好きな場所に座ることができるんです。その中老の男性は、必ず四分の一ボトルの赤ワインとサンドイッチを注文します。それで、ワインを半分飲んだところで、サンドイッチに手を付ける。そして食後にコーヒー。その間、じっと前のほうを見ています。お店の人に聞いてみると、近くの教会の牧師さんだということでした。

まさに、彼はパブリック・スペースのなかで孤独をそれなりにエンジョイしている。孤独といっても、ここは彼にとってこうした孤独をたのしめる場所であったわけです。私の好きなニーチェの言葉に「孤独は私の故郷である」があります。一人でたのしめる空間こそ、パブリック・スペースがもつべき一つの使命ではないかと思います。

Ⅱ-7　ヒルサイドテラスのカフェで一時を過ごす男性

——同じく槇さんが手がけた青山のスパイラルでは、階段の窓際に、幾つか椅子が置いてありますね。通りがかると、必ず誰かがそこにいて、本を読んだり、青山通りを眺めたりしています。

あの場所だけは、この三〇年近く、まったく変わっていないのです。最近シドニーで講演したとき、やはりオープン・スペースの話をしたのですが、終わった後に一人の若い女性がやってきて、東京に行くときはいつもスパイラルのあの椅子に座るといっていました(笑)。

そういう話を繋ぎ合わせてゆくと、パブリック・スペースとは、じつは、一人のためにある。だから、若い建築家たちにはそうしたリピーターが生まれるような良いスペースをつくってほしいと願っています。

——どんなスペースが良いスペースとなり得るのでしょう。

建築家は、ある建築を設計するにあたって、施主、協力者、施工者、あるいは周辺に暮らす住民と、多様な立場の人間と接します。それぞれ異なる要求をもつ人たちです。しかし不思議なことに、できあがった建築に対して良いとか悪いとか、そういう反応は立場を超えて、あるいは地域を超えて、世界的に共通しています。異なる文化や世代の人であっても、良いものは良いといってくれるのです。

私もこのくらいの歳になると、長く様ざまな人や建築を観察できたし、また現在も観察しています。そういうなかから、建築、あるいは空間が与える歓びへの人びとの期待を、建築家は裏切ってはいけないと思っています。

——六〇—七〇年代の時代の移り変わりのなかで、オープン・スペースへの関心を深めていかれるまでをお話しいただきました。

パリ、アメリカ、日本へと波のようにひろがっていった大学闘争、さらにヴ

Ⅱ-8　スパイラルのプロムナード

ェトナム反戦運動、オイルショック——これらは、ある種歴史的な必然性をもつものとして今日理解されていますが、建築界のなかでも大きな思想の転換がみられたのですね。

建築・都市を考えるうえで、次の大きな節目となったのは、一九八九年のベルリンの壁の崩壊だと考えています。

機能的・教条的モダニズムの否定から、一九八〇年代のポスト・モダニズムの台頭——さらに他方では、新自由主義の萌芽が見られる時期に入っていきます。

代官山ヒルサイドテラス

Ⅲ章　コミュニティ・アーキテクト としての半世紀

「スロー・アーキテクチャー」の始まり

——長いアメリカ生活にピリオドを打って、槇さんが東京に設計事務所を設立されたのは一九六五年のことでした。それからまもなくして、代官山集合住居計画を手がけることになります。

渋谷区と目黒区の境をはしる旧山手通り沿いに、一九六七年から二五年間にわたって段階的に開発された集合住宅、オフィス、ギャラリー、ホールなどの複合施設は、「ヒルサイドテラス」の名で多くの人に親しまれてきました。

第一期の計画は、高度経済成長も終わりにさしかかる頃に進められましたが、一九六九年に完成した二棟の白い低層建築は、渋谷や新宿とはまた異なる代官山のイメージの基礎となるものだと思います。

槇さんは第一期の設計から半世紀ものあいだ、ヒルサイドテラスにかかわってこられました。一九六七年のスタートの時点から、今日のような展開を迎える予感はあったのでしょうか。

いずれ続ける可能性はあるかもしれないと思っても、当初から全体の見通しをもっていたわけではありません。慶應義塾のつながりで、友人から施主である朝倉家の方々に紹介されたのは、日本で本格的な建築活動を始めて二、三年が経った頃です。事務所の規模もこぢんまりとしたもので、何しろゆっくりしていた時代でした。建築界では、メタボリズムなど壮大な技術主導型の未来思想が話題になっていました が、それらの動きに一応あいづちを打ちながら、他方で都市の骨格や建築の性質は、そうした発想で塗りかえることのできないものではないかと、自分に反問してもいました。朝倉不動産によって与えられたこの仕事は、都市と建築をどう結びつけるかという課題に、実際に挑戦する最初の機会だったともいえます。

――当時、この地域は朝倉家が所有する土地のほか、大邸宅や在外公館が立ち並び、まだ鬱蒼とした森の印象を残していたそうですね。地形としては尾根筋になるのでしょうか。

そうです。徳川家綱の時代には、有名な三田用水が、旧東京市と武蔵野の境であるこの地区を横断して設けられています。第一期の工事で地下を掘ったときは、木管の一部が出てきました。

江戸の下町は海抜が低いので、井戸水には塩分が多かったのです。三田用水はこの地区の高い海抜を利用して、代官山からさらに東の白金へと延びていたのでしょう。代官山の丘と渋谷の谷をむすぶ現在の八幡通りは鎌倉街道の脇往還で、江戸時代以前には、郊外村落として発展していたと伝えられています。

穏やかさと多様さ

——ヒルサイドテラスを貫く旧山手通りは、街路樹・歩道を含めると幅二二メートル。かなり広い通りです(図Ⅲ-1左)。

朝倉家の先々代である虎治郎さんは、東京府議会議長も務めた実力者で、都市政策全般に尽力された方でした。道路こそ都市の骨格であるとのビジョンのもと、自分の土地も一部手放して、旧山手通りを幹線道路へと改良したそうです。

——ふつう道路が二二メートルもあると、周囲の建築物は敷地いっぱいに面積を確保し、容積率[*1]も上げていって、いま、どこにでもあるような高層ビル街ができそうなものですが……(図Ⅲ-1右)。

当時、この一帯は都市計画上の「第一種住居専用地域[*2]」に指定されていて、建物の最大高さは一〇メートル、容積率は一五〇パーセントとの制限がかかっていました。一九九〇年代に入ると、この規制は若干緩和されますが、第一種住専のときは店舗の面積も制限され、低層住宅以外の建築物は建てられません。しかし、旧山手通りはわりと勾配があって、現場を見て歩いたとき、道路に接する半地下の部分には店舗を設けたほうがよいのではないかと思いました。それで一団地計画として、都に用途緩和の許可申請を行なったのです。

Ⅲ-1　左・旧山手通りの道幅（右は道幅を狭くした場合のシミュレーション）

団地として申請をすると、建蔽率[*3]の抑制、日照の確保、公開空地や敷地内の道の配置に関して、さらに多くの規定を守らなければならなくなります。しかし、結果としてそれらの制約は、良好な都市環境をつくるうえでプラスになりました。

そもそも立派な道があるから、それに沿って店舗やレストラン、文化施設をつくると、人が訪れやすい。建蔽率の制限で敷地内の空地が多いので、緑をたくさん残すこともできました。東京にかぎらず、細い道の周りでは低層住宅街が形成されますが、そうするとどうしてもその一帯はプライベートな性格が強まります。低密度の街区と豊かな道とのコンビネーションが、ヒルサイドテラスのスケールと雰囲気を決定づけたのです。

この組み合わせに加えてさらに重要だったのは、第一期の四年後に第二期、またその数年後に第三期と、間をおきながらこの計画が続いていったことです。ふつう、一つの建物をデザインするとき、その結果を具体的にフィードバックするチャンスはかぎられています。しかしヒルサイドテラスの場合は、先にデザインしていたところの結果を分析し、次のデザインの際に参照できる環境にあったわけです。

時代の状況に対応しながら、次が自然に生まれていく感覚もありました。一九七〇年から九〇年代にかけて、東京の様相はどんどん変わっていきます。それは景観だけではなく、人びとのライフスタイル、たとえば求める住居のタイプにも、ヴァラエティが出てきたということです。

＊1　容積率／敷地面積に対する、建築物の延べ面積（各階の床面積の合計）の割合。

＊2　第一種住居専用地域／都市計画法で定められた用途地域のうち、低層住宅（一般住宅）や店舗兼用住宅など日常生活に必要な建物以外は建てられないとされた地域。一九九二年の都市計画法改正により、第一種住居専用地域は第一種・第二種低層住居専用地域へと類別された。

＊3　建蔽率／Ⅰ章＊3参照。

一九六〇年代は、日本でもまだ様ざまな住居のタイプが模索されていて、第一期では、かねてからデザインしたいと願っていたメゾネット形式の住居ユニットを試みています。ワンルーム・マンションが都内のあちこちに出現し始めた七〇年代末の第三期計画では、単身用の住まいや、ワンルームタイプの小アパートを設けました。その後も、働く場所と住む場所が一体になったいわゆるSOHO型、敷地の地形を利用した階段状のテラスハウス、屋上ガーデンを囲むユニットなど、画一的な集合体ではなく、異なるライフスタイルをもつ人たちの要求に応える住居を提供してきたと思っています。

多様性を確保することは、この計画において重視してきたテーマの一つです。第三期が完成した頃、ヒルサイドテラスを一つの文化拠点にすることをオーナーと話し合うようになり、それ以降、貸ギャラリー、小音楽ホール、図書室などを設けました。若手建築家のデビューを応援する「SDレビュー」は二〇一五年で三四年目となりますが、ギャラリーでは海外からの出展を含む幅広い領域の展示が行なわれてきました。

――建築、美術、音楽、読書を通じて、ヒルサイドテラスを訪れる人たちの層が厚くなっていったということですね。

たとえば高度成長期に開発されたニュータウンには、ほぼ同世代の核家族が大勢入居して、彼らがいっせいに歳を取ったために、色々な問題が出てきていますね。

ヒルサイドテラスは、職種や年齢層に比較的幅のあるコミュニティです。そこに住む人、働く人、またオーナーを中心とした集まりから街づくり協議会が生まれ、これまで築いてきた都市性、多様性をどうやって保っていくか、議論を続けてきました。

――二〇一一年末には、ヒルサイドテラスの近所、ノースウエスト航空の社宅があった土地に、代官山T‐SITE（蔦屋書店）がオープンしました。

T‐SITEは、ただ大きな建物のなかに本屋だけがあるのではなく、幾つかの棟に分かれています。中央の棟の二階にあるバーは本棚で囲まれ、特別な雰囲気をもっていますし、その他にもゆったりしたカフェのスペースがあります。朝七時から深夜まで開いているので、色々なタイプの人が利用しているようです。どちらかといえば、T‐SITEが動で、ヒルサイドが静、そういうコントラストができてきています。

T‐SITEの建築は、コンペで選ばれたクライン・ダイサム・アーキテクツ[*4]という設計事務所の手になるものです。私たちはその審査に参加していませんが、街づくり協議会の要望として、道路沿いの敷地内の樹をできるかぎり残すことをコンペの条件にしてもらいました。それで、いまは歩道の道筋が少し広がって、店の周りで休んでいる人や遊んでいる子ども、そして奥に向かう路地での催しなどによって、新しい情景がつくられています。これは、その場所と蔦屋書店が出会うことに

＊4　クライン・ダイサム・アーキテクツ：Klein Dytham architecture（KDa）／イタリア生まれのアストリッド・クライン（一九六二―）とイギリス生まれのマーク・ダイサム（一九六四―）が英ロイヤル・カレッジ・オブ・アート修了後、伊東豊雄建築設計事務所などを経て一九九一年に設立。作品にユニクロ銀座店、Google Tokyo Office ほか。

Ⅲ‐2　代官山T‐SITE

よって、初めて生まれた情景といえます。

都市計画をする人間は常に上から建築群を見ていますが、建築をつくる人間は、どういうことが起きうるか、そこで生まれる人の行動を歩く目線から見ています。ある空間で人びとがどんなふうに過ごしているか。どんな交流がなされているか。そういう視点から、建築家はもっと積極的に街づくりにかかわっていく必要があると思います。

私たちは二五年間この同じ場所を見続けてきて、下から考え、試すことの重要性を学んできました。もしも最初の第一期に、この地区一帯をマンションにしていたら、いまのような景色もコミュニティも生まれていなかったでしょう。

都市を育てる

――槇さんは、かつて著書のなかで「モダニズムの建築言語を使いながら、なおかつ与えられた都市の文脈に反応し、呼応し、あるいはコメンタリィを綴っていくことは可能であるという確信をもっていた。それがコミュニティ建築を可能にする一つの手段であった」と述べています(『記憶の形象――都市と建築の間で』筑摩書房、一九九二年)。

ヒルサイドテラスもそうしたコミュニティ建築の一つの実験であったとそこ

で位置づけられていますが、「モダニズムの建築言語」とは具体的にはどういうものなのでしょう。

第一期でいうならば、ロビー空間の透明性、建築の簡明な幾何学性、そして白さ――これらは、モダニズム建築に特徴的な手法であるといわれます。

しかし、より根源的なレベルでは、建築には必ず目に見えるかたちがあります。そしてその建築が生み出す空間があるわけです。モダニズムは、私の認識では、空間操作、形態操作において、建築家を自由に解放したものです。近代以前の、かぎられた工法と素材、住まい方、使い方、それだけで成立してきた建築とはこの点がまったく異なります。建築家の側からは、ほぼ「何でもあり」の状況で、それぞれがある規範をもって設計していく建築といえるでしょう。

そのなかで大事なのは、単に施主の欲望を充足させるだけではなくて、与えられた場所、あるいは時代に対して、社会性をもたなければならないということです。ヒルサイドテラスの場合は、初めから本当に理解のある施主をもつことができ、「ゆっくりやろう」との朝倉家の考え方で、スロー・アーキテクチャーと評される計画が実現しました。

――槇さんと朝倉家は、建築家と施主の関係をずっと保ってきたわけですが、施設をつくることだけではなく、運営面での共同作業も積極的に行なっておられます。

そうですね。たとえば、先ほども触れた街づくり協議会では、我われだけではなく、何人かの建築家、プランナー、そして有志の人たちを中心に、代官山全体の環境をできるだけ保全して、何か新しい事態、計画がもち上がっても、適切なものにしていこうとする運動を続けてきました。

ヒルサイドテラスに隣接する旧朝倉邸の保存を働きかけたことは、そうした共同作業の一つです。旧朝倉邸は先々代が一九一九(大正八)年に建てたものですが、戦後、相続税対策のため分割・売却されたのち最終的に国が所有することとなり、それが競売にかけられて民間ディヴェロッパーに開発されるおそれが出てきていました。しかし、保存運動をきっかけに重要文化財に指定され、いまは旧朝倉家住宅として渋谷区の管理のもと、庭も家も一般公開されています。

成功例ばかりではありませんが、第一期の建築が面する交差点の陸橋廃止や、超高層住宅計画の低層化を求めるなど、様ざまな働きかけも行なってきました。近隣社会による反対運動はどこでも生じているものですが、より活動のレンジが広いコミュニティがつくられつつあると思います。

開発プロジェクトにおける建築家と施主の関係についていえば、株式投資と同じで、最大の利益をいかに最短時間で得るかという発想になると、施主の要求はきわめて特殊なものになるか、あるいはごく一般的なものになるかのどちらかです。そして、建築家はただその要求にしたがうだけの関係になります。それではどんな素

Ⅲ-3 旧朝倉家住宅

質をもった建築家でも、土地のなりたちや時代を十分に読み込むことはできないし、できあがった建築もその運営も効率主義的一辺倒になってしまう。結果として、街はあまりおもしろくならないのです。

――都市の文脈を読み込むためには、時間が必要になるということですね。

というより、育てるために。街づくりには、子どもが育っていくおもしろさと似ているところがあります。都市の文脈も、それに気づいて、引き出していくにはある時間がかかることが多いのです。

日本でもヨーロッパでも、中世の街並みを考えると、それなりに建築のボキャブラリー――使用するパターンやスタイルが共有されていたことがわかります。そして、最終的には人工の住環境のなかに、ある秩序がつくられていました。モダニズム建築も初期の頃は、新しい形式による社会性をいかに獲得するかがテーマに据えられていましたが、次第にその意識は薄れてきています。公共建築であっても、どこまで社会性を重要視しようとしているか、結果はピンキリですね。

公共建築のあり方に関して、デザインビルド（DB）といわれる設計・施工一括発注方式があります。東京都は、二〇二〇年五輪のバレーボール、水泳の会場、ボート競技場またメーン・スタジアムの建設も、この方式で発注する方針です。二〇一四年一二月に日本建築家協会はこの問題についてのシンポジウムを行ないましたが、建築家が、引き続き行動を起こしていかなければならない場面だと思います。

——これまで公共建築では、設計と施工の分離発注が原則であり、設計者は、発注者に代わって工事監理まで行なうことで、建築全体の責任を担う仕組みになっていました。しかし、DB方式を採用する案件では、基本設計を設計事務所に委託したうえで、実施設計と施工を一括して建設会社などの建設共同企業体に発注するということですね。

効率主義の果て

建築家にとって、DB方式はともかく、基本設計と実施設計の担当者を分離するという発想は基本的に受け入れがたいものです。基本設計者が実施設計に関して十分な能力をもっていないときに、もっと大きな事務所も参加することはあるでしょう。それは構いません。しかし効率を最優先にして基本設計と実施設計を切り離すのは、建築設計がもつ伝統と夢を破壊する行為だと思います。とりわけ若い建築家たちは、あるアイディアがどうやって最終的な姿にまでたどりつくか、そこに情熱をもって仕事をしているわけですから。

DB方式は、土木工事にかぎらず、民間の建築で徐々に見られるようになってきましたし、我われもまったくやっていないというわけではありません。しかし、こうした方式をとるのであれば、白紙の段階から建築家と発注者が討議をして、その役割、権限等も一緒につくりあげていくとの条件を明確にする必要があります。

――最初から最後まで発注者とのある信頼関係のもと、施工者と打合せしながら建築をつくるのであれば、設計者の役割はある程度確保されますが、やはりDB方式になると、基本設計が終わった時点で、建築家が切られてしまうのではないでしょうか。東京都のプランでは、建築家は発注者支援のアドバイザリー業務を担うとされていますが、その具体的な業務の中味を精査する必要があると思います。

DBの導入は世界的な傾向でもあるようです。UIA(国際建築家連合)などでは、むしろ、建築家の役割や位置づけがこれまで以上に明確になって、発言権が増す面があるという意見も出ていると聞いています。しかし、最近一緒に仕事をしたカナダの設計事務所の話を聞くと、実際には建築家の主張が従来方式ほど通らなくなるということが起きているようです。

――二〇一二年に閉館した京都会館(一九六〇年竣工、前川國男設計)も、DB方式で建替え・改修工事がすすめられています。香山壽夫[*5]さんが公募のプロポーザルで基本設計者として選ばれましたが、実施設計と施工は大林組ほかJV(共同企業体)が受けて、じつはその設計と監理にはまた別の建築設計事務所も入っている。こうした複雑な構造で基本設計にかかわった建築家は、できあがった建築にどこまで責任を負うことができるのか、不明瞭です。

＊5　香山壽夫：こうやま・ひさお(一九三七―)／建築家。東大建築学科を卒業後、ペンシルヴァニア大学大学院でルイス・カーンに学ぶ。一九七一年独立。東大教授、明治大学教授などを歴任。作品に彩の国さいたま芸術劇場、東京大学弥生講堂一条ホールほか。

東京都の対応は、京都会館のような前例にしたがったということなのかもしれません。すると民間でも、利益追求型の施主は、うるさい建築家は適当に排除すればいいとする傾向をいっそう強める可能性があります。

少なくとも我われは、施工会社と一緒に建築をつくってきましたし、お互いに得るものがあって、敵対関係になるような場面はあまり経験したことはありません。しかし、我われに対しては非常に丁重な同じ会社が、相手が若く、弱い立場にある場合には態度を変えることもあるらしいのです。建築の社会性はまず、お金を出す発注者と、それに応えて設計する人間が討議することによって実現するもので、その原点が失われることはあってはならないと思います。

——DBの導入は、建築家が新自由主義経済の時代にブランド品になっていく現象ともかかわっているように感じます。ブランドとして建築家を使いながら、最終的なデザインや、仕上がりにかんする権限は与えないという手法が定着しつつあるのではないでしょうか。

二〇一四年の秋、パリ西部にできたルイ・ヴィトン財団美術館をご存じですか。ビルバオ・グッゲンハイム美術館などで知られる、フランク・ゲーリー[*6]の設計です。規制によりこれまで二階までしか建てられなかったブローニュの森のなかに、色々な操作で——ロンドンの *The Architectural Review*(二〇一四年一〇月号)によれば、公平にみても、法規制の目的をあざけるようなかたちで——高さ五六メートルの建築

＊6　フランク・ゲーリー：Frank Owen Gehry(一九二九—)／建築家。カナダのトロントに生まれ、戦後ロサンゼルスへ移住。作品にヴィトラ・デザイン・ミュージアム、ウォルト・ディズニー・コンサートホールほか。

物ができた。その点では東京の新国立競技場の計画ともよく似ていると思います。

――掟破りでできたものが、個人なりある企業の、一つの欲望の実現でしかない。そうしたことが世界中の都市で起きている。

一方でゲーリーが巧みなのは、展示空間は基本的に四角い箱ですが、それを羽根のような巨大なガラス構造物で覆っているのです。ガラスで包まれた部分にブランド的な価値をもたせているとともに、そこにレストランなども設けて、人びとがアクセスできるパブリックな空間としています。

ライフスタイルの変化のなかで

資本の力がますます強くなっている時代ですから、ブランドを批判するのはやさしいのですが、もっとボトムアップの方向で、色々なアイディアを出していくことも大事です。

建築がある持続可能性をもつかどうかは、究極的にはそこで住んだり、働いたり、あるいはそこを訪れたりする人びとの判断に基づくもので、制度とか規約によるものではない。ヒルサイドテラスが今日の都市に対して何らかの批評になっているとすれば、それはこういうことだと思います。つまり、国や地方行政によって保存されるものではなく、下からの、個々の民意のまとまりによって初めて、社会性のある建築が維持されていくのではないか。

先日、文化人類学者のマイク・モラスキーさんと、下北沢でB&Bという書店を経営している内沼晋太郎さんとの対談をおもしろく読みました(「サードプレイスのすすめ」『I-House Quarterly』二〇一五年冬号)。そこでのテーマになっている「サードプレイス」とは、アメリカの都市社会学者レイ・オルデンバーグが『サードプレイス――コミュニティの核になる「とびきり居心地よい場所」』という著書(みすず書房、二〇一三年)で提唱した概念で、イギリスのパブやドイツのビアホール、あるいは、日本でいえば居酒屋――赤提灯のカウンターのようなところをさしています。

――勤めるところと住むところのあいだで、人と人とのつながりを日常的に生みだす三番目の場所ということですね。

日本の新しいサードプレイスとして、本を読むところが取り上げられています。先ほどの蔦屋書店も一例ですが、内沼さんのビジネスも、本が人を引きつける、その魅力を新しいかたちで街のなかに空間化して活かしている。ビールやお茶が飲めて、イベントが行なわれたり、様ざまなインフォメーションに触れることもできる。

これは、我われが考えてきた本屋の概念とは違うわけです。いま、ニューヨークあたりでは大きな本屋までどんどん消えています。日本でも最近はスマートフォンを眺めている人のほうが多いかもしれませんが、そうしたライフスタイルの変化のなかで、本の力を引き出し、空間化して提案する人たちもあらわれています。

――身近なものの価値を見なおし、その可能性を更新するということでいえば、前川國男[*7]の母親の故郷だった青森県の弘前市にも、ユニークな市民活動があります。

前川國男は、二七歳で設計した木村産業研究所から、亡くなる数年前に竣工した弘前市斎場まで、弘前で八つほどの建物を手がけました。あるとき、一人の市民が、生まれた病院も、結婚や出産の届けを出す市役所も、時々出かけるホールや博物館も、さらには自分がいつか見送られるであろう斎場も――日常的に使っている建物の大半は、一人の建築家が生涯にわたってつくってきたものであることに気付いた。それらの建築への愛着から、「前川國男の建物を大切にする会」を結成して活動しているそうです。

弘前市も市民たちの活動の支援を始めて、少しずつ耐震改修を施して登録文化財にもっていく動きが出てきたり、観光地図で前川建築を紹介したりして、地域の文化遺産として、街全体で前川建築を評価するようになってきました。

建築家が世を去ったあとも、コミュニティと作品が結ばれているわけですね。

以前にも少し触れられたように(Ⅰ章)、二〇一三年は丹下健三[*8]先生の生誕一〇〇周年で、先生が育った香川の高松で回顧展が開かれていましたが(「丹下健三　伝統と創造――瀬戸内から世界へ」、於：香川県立ミュージアム)、そのとき、瀬戸内の他の作家の名作も紹介していました。しかし、建築家の一連の作品を、地域という枠組みのなかで評価し、保存していこうとする動きは日本ではあまり見られません。Ｓ

＊7　前川國男／Ⅰ章＊8参照。

＊8　丹下健三／Ⅰ章＊1参照。

ＡＮＡＡ[＊9]による金沢21世紀美術館や、谷口吉郎[＊10]・吉生[＊11]親子の作品など、多様な建築に恵まれた金沢では、それらの価値を街の文化の軸にしようという意識が生まれてきているようですが。

——海外の例では、北欧フィンランドのスニラは、二〇世紀を代表する建築家のひとり、アルヴァ・アアルト[＊12]が多くの工場や社宅を設計した都市です。ここにはアアルトの建物をずっと修理して見守っている地元の建築家がいます。工場労働者が住んでいた住居を上手に改修して新しい入居者を募ったり、様ざまなかたちで手をかけているのです。

アアルトはユーロ統合前のフィンランド紙幣の肖像にもなった、国を代表する芸術家ですが、彼の生誕一〇〇年にあたる一九九八年には、「フィンランド建築憲章」が制定されました。その第一章には「良い環境はすべての市民に与えられた基本的な権利である」とあります。

国家財産として建築を位置づけ、建築遺産の重要性や、手本としての公共建築、地方建築家の役割まで盛り込まれています。さらに初等教育を含めて、人びとが建築や環境に興味をもつように強く働きかけることが国の目標に掲げられているんです。こうした「トップダウン」なら大歓迎だと思うのですが(笑)。

スニラの例は興味深いですね。建築は人間の身体と同じで、手入れをしていかなければならない。この事実は建築家を謙虚にさせます。建築設計とは、一度つくってそれでおしまいではないのです。それこそ社会性が問われるということが、宿命

＊9　ＳＡＮＡＡ／建築家の妹島和世（一九五六―）と西沢立衛（一九六六―）が一九九五年に設立した共同事務所。作品にニューヨークのニューミュージアム、ＲＯＬＥＸラーニングセンターほか。

＊10　谷口吉郎／Ⅰ章＊11参照。

＊11　谷口吉生／Ⅱ章＊27参照。

＊12　アルヴァ・アアルト：Hugo Alvar Henrik Aalto（一八九八―一九七六）／建築家。フィンランドのクオルタネに生まれる。都市計画家・デザイナーとしても活躍した。作品にパイミオのサナトリウム、フィンランディア・ホールほか。

的に内在しています。

かつては日本の棟梁にしても、あるいは西洋で建物をつくっていた職人たちも、多くはずっと同じ地域で仕事をしていました。彼らは建築の生命《いのち》について、非常によくわかっていたと思います。工法も素材もかぎられていましたから、建築を深く知ることはあっても、幅広く知ることは求められずに済んでいたのかもしれない。しかし今日の建築家は、様ざまな国の気候、ライフスタイル、素材、工法はもちろん、法規にも通じていなければなりません。当然、我われはそれも仕事の一部としているわけですが、ヒルサイドウエストに事務所を移したことで、建築の本質を身体で学んだように思います。

――自分で手がけた建築とともに生活することによって、どんな発見があったのでしょうか。

いま述べたように、建築は必ず劣化します。ヒルサイドテラスの近くに事務所をもつことで、およそ五〇年前からつくり始めた建物群を通して外壁の耐久性、ディテールの納まりが時間の経過のなかでどのように変化し、またどう手当てをしなければいけないかをつぶさに知ることができました。

現在、建築家の活動範囲は広がっていますし、ある一つの地域に深くかかわり続けることが困難になってきているのも事実です。しかし、建築はコミュニティに一つの場を与える――つまり、一種の刺激、出発点を与えることもできる存在です。

そこで人びとが何かを感じて、さらにその建築環境を育てていこうというケースに発展すれば、それは、私たち建築家にとっていちばん幸福なことではないでしょうか。

どんなストックを未来に託すか

――代官山には、一九九六年まで同潤会[*13]アパートもありました。つくられたのは一九二七年です。緑が豊かで、空間の陰影を感じさせる集合住宅群だったと記憶しています。

代官山の地形に適応した、やはり二階ないし三階建ての低層建築でした。代官山にかぎらず同潤会に住んでいる人は、みんな昔でいう「ハイカラさん」でした。「戦前から同潤会に住んでいた」と住民やその家族の方が語るのを何度も聞いたことがありますが、その口ぶりから強い愛着や誇りのようなものを感じることがありました。

そこに集い、そして住むプロセスによってコミュニティが形成された同潤会の例は、日本ではきわめて異色です。明治以降の近代化の過程において、他人同士がある「住み方」に共感し、一緒に暮らすことで新しいコミュニティができあがってゆく――ここには自由人たちの住まいに対するロマンを見出すことができると思いま

Ⅲ-4　同潤会代官山アパート(一九九六年撮影)

＊13　同潤会／関東大震災の義援金の一部を原資に、一九二四年に設立された内務省社会局の外郭団体(財団法人)。東京と横浜に一六カ所建設された同潤会アパートは、RC造の躯体、電気・ガス・水道・ダストシュートなど当時の最新設備を備えていた。震災復興のための住宅供給

す。都市のなかの小さな「異郷」として、独特の雰囲気をつくり出していました。

――同潤会は、社会資本となるべき集合住宅の先駆だったと思います。そうした建築がいまも多く残っていれば、ヒルサイドテラスのように次の試みをつなげていくこともできるし、様ざまな時代の建築が重層的に街を彩ることができるはずです。

同潤会が規範にした、たとえばドイツやオーストリア、オランダの旧い集合住宅は、いまも住み継がれているようですね。ヨーロッパでは、個人住宅などでも現代のライフスタイルに合うように手を入れることが多く、世代を超えて受け継がれた建築でも、それほど価値が下がらないとききます。一方、戦前の日本でヨーロッパのモダニズム建築の影響を受けてつくられたものは、ほとんど失われています。それは必ずしも木造住宅の耐久性であるとか、地震の問題だけが原因ではないと思います。

――田園調布の駅のすぐ近くにある、旧駅舎と同じ一九二〇年代につくられた住宅(鈴木邸)が取り壊されることとなり、二〇一四年一二月にお別れの見学会がありました。田園調布の街並みは、イギリスの社会改良家であるE・ハワードの田園都市構想の影響を受けて、実業家の渋沢栄一が開発したものです。

昭和初期から昭和一〇年代は、洋風アパートが多く建てられた時期ですね。『ヒルサイドテラス白書』(住まいの図書館出版局、一九九五年)のなかで、施主の

のほか、労働者住宅の建設・管理、地区改良事業などをひろく行なった。

Ⅲ-5　同潤会アパートと同じ一九二〇年代につくられた、ウィーンの集合住宅カール・マルクス・ホフ

朝倉徳道さんと健吾さんは、九段下にできた土浦亀城設計の野々宮アパート[*14]や、代官山の「軍艦のような格好の」浅間アパート、そして同潤会アパートに触発されて先代が民間アパートの建築を思い立ったと書かれています。

昭和の初めから、広大な大名屋敷が一〇〇〇坪、二〇〇〇坪の敷地へと分割されてきました。近年は、それをさらに細分化して四〇坪くらいにしています。私が住んでいる五反田のあたりでは、かつての住宅地が代替わりして、ほぼすべてアパートになっています。土地が分割されると緑がどんどん消える一方、たとえば車の数は減りません。

最大の原因は相続税対策だと思いますが、現実問題として、この一五〇年間で東京の広大な武家屋敷の多くは、その一〇〇分の一ほどの敷地へと変化したのではないか。日本の富はこうして永遠に消費されていくのでしょうか。

明治維新以降、多くの富が都市のインフラストラクチャーに――そしてその相当部分が住居関連施設に費やされてきたはずですが、それらが社会資本として維持されているところはごくかぎられています。絶え間ないスクラップ・アンド・ビルドのなかで、これほど膨大な資本が費やされ、しかし残されたものが少ないのは、世界でも類をみない現象でしょう。

住宅を手がける建築家の数は多く、日本の建設産業の技術、アイディアの質はきわめて高いと思います。このような蓄積にもかかわらず、社会資本の形成に失敗し

＊14　土浦亀城／Ⅰ章＊4参照。

てきたわけです。

——そうやって社会資本が蓄積されなかった戦後日本の都市開発のなかで、ヒルサイドテラスの敷地には、「みち」がはりめぐらされ、周辺と有機的につながった都市環境を生み出してきました。人びとに歩くことのたのしみと、多くの出会いを与えてきた場所だと思います。

この計画に携わった二五年のあいだ、絶えず心のなかでは、様ざまなパブリック性に関するテーマが去来していました。いまいわれた「みち」、とりわけ散歩のできる道は、つよく意識していたことです。

ヨーロッパの街区型のパブリック・スペースとは異なって、ヒルサイドテラスでは、できるかぎり人びとに経路の選択を与えようと、敷地内の外部空間と道空間の連結に配慮しました。一つの建物に道路の一方から入って、別のところにも出て行かれるようにすることで、多様な空間体験ができるようにしたいと考えていました。幼い頃の路地体験があったからかもしれません。

まだこの旧山手通りに屋敷町の静けさが残っていた七〇年代の終わり、近くに住む美濃部元都知事や三木元首相が、この地区をよく散歩がてらに訪れるのを見かけることがあったと聞いたことがあります。このときも、やはりその「散歩」という言葉から、忘れがたい感慨と印象をもちました。

軽井沢・南原の原っぱ

Ⅳ章　メトロポリス東京の過去と未来

「奥」の発見

――一九七八年、槇さんは論文「日本の都市空間と「奥」」を発表されます（『世界』一九七八年一二月号）。

変貌し続ける東京にあって、常に存在してきた「深層構造」とはどんなものなのか。伝統的な都市の形態・景観を分析したこのエッセイは、事務所の方たちとの都市環境研究の成果を伝えるものだったそうですね。

槇さんは一九七〇年代以降、歴史の縦軸、とりわけ江戸から東京へという時の流れに着目して、都市のあり方を考察する論文を発表してこられましたが、そうした関心の背景には何があったのでしょうか。

前回（Ⅲ章）に続いて、都市と地域コミュニティの変容、そして今後の展望についてうかがいます。

「日本の都市空間と「奥」」にいたる一連の研究を始めたきっかけは、直接的には、財団法人東レ科学振興会から人間環境、特に都市環境にかんする調査の依頼があったことです。この振興会が人文科学領域を助成金の対象として考慮したのは初めてだったそうですが、一九七五年の暮れ頃に、大事だと思うことであれば自由にテーマを設定してよいとの話があり、これは願ってもない機会でした。さっそく都市問題に関心をもっていた事務所の何人かとグループをつくって、議論を始めました。

テーマを決めるにあたって、まず認識したのは、現在そして将来の都市について提言する以前に、我われはあまりにも都市の歴史、そしてその現在との関係性を知らない、という事実でした。

建築家は、どうしても住環境をつくる側から見てしまいますが、当時もいまも、日本の都市問題の大半は住宅問題――つまり、社会・経済・政治の問題であり、政策に深くかかわるもので、その解決なしに住環境を考えることの意味のなさ、虚しさは心得ているつもりでした。かといって、対症療法的に住宅問題に取り組むことは、激変する都市の状況にあって、必ずしも有効でないだろう。そうした意識から、むしろ変化ではなく、変わらないものに目を向けてはどうか、人びとの暮らしのあり方や文化が都市の形態にどのようにあらわれてきたかを、東京の身近な住環境から読み取ることから始めようと考えたのです。

のちに東レ科学振興会に提出したレポートを基に、『見えがくれする都市』（鹿島出版会、一九八〇年）をまとめますが、みちや住宅街の表層、地形の詳細な分析を通してわかってきたのは、ある建築や空間が我われに好ましい印象を与える理由は、必ずしもそこに使われたお金や、つくり手の技術によるものだけではない。それぞれの地域社会や集団が時代ごとにつくりあげてきた環境が維持され、空間のひだの重層性を感じられる場合ではないか、ということでした。

——七〇年代には、建築家たちがさまざまな実証研究や現地調査に取り組み、歴史的に、また文化的に都市を理解していこうとする、ある流れができていたように思います。住宅地の計画でも知られる宮脇檀[*1]は、学生たちと倉敷や馬籠などの宿場町で、デザインサーベイと呼ばれる木造集落の街並みの実測調査をしています。

そうですね。当時、民家や集落への関心が高まっていたことは、いわゆるノスタルジーやレトロ趣味とは一線を画した動きだったと思います。断片化され続けてきた旧い街並みが、いよいよ崩壊するというなかで、「都市とは何であったか」を問いなおす時代の要請が存在していたのではないでしょうか。

宮脇さんのほかにも、明治大学の神代雄一郎[*2]研究室を中心とする日本のコミュニティ論、法政大学の陣内秀信[*3]さんらによる東京の歴史的な都市構造にかんする研究、世界的なスケールで一連の集落研究を行なった東京大学生産技術研究所の原広司[*4]研究室の報告などは、我われに多くの示唆を与えるものでした。

たとえば、「奥」の概念は、神代さんによる村落コミュニティの原型、あるいは、その配置をめぐる議論から引き出されたものです。ヨーロッパでは、自然と人工物は絶えず対立関係にあると見るわけですが、日本では昔から海べりや山べりに多くの集落が形成され、自然と融合する文化が培われてきたわけです。

＊1　宮脇檀：みやわき・まゆみ（一九三六—一九九八）／建築家。一九五九年東京藝大卒業後、東大大学院で修士課程修了。商業建築を手がける一方、各地の集落の実測調査を行ない、都市型住宅のあり方を追求した。作品にもうびいでぃっく、松川ボックス、高須住宅地ほか。

＊2　神代雄一郎：こうじろ・ゆういちろう（一九二二—二〇〇〇）／建築史家、建築評論家。近代建築史を専門とし、集落調査を通して伝統的なコミュニティのあり様と建築・都市の形態との関連を分析した。著書に『現代建築と芸術』（彰国社）など。

＊3　陣内秀信：じんない・ひでのぶ（一九四七—）／建築史家。法政大学デザイン工学部教授。専門はイタリア都市史・建築史。著書に『東京の空間人類学』（ちくま学芸文庫）、『イタリア海洋都市の精神』（講談社）など。

＊4　原広司：はら・ひろし（一九三六—）／建築家。東大建築学科卒業、同大学院博士課程修了。一九六九年より東大生産技術研究所で教壇に立つ一方、七〇年よりアトリエ・ファイ建築研究所と共同で設計活動を行なう。作品に梅田スカイビル、JR京都駅、札幌ドームほか。

神代さんがいわれたように、集落は往々にして、山のふもとを走る街道筋に沿ってつくられていて、山を背に田園と家屋群が里を構成しています。そして水平にはしる街道筋を「世俗軸」と考えるならば、それに対して直角に、山裾の神社と山のなかにあるお宮を結ぶ「宗教軸」が確立されているという。

都会にもこの宗教軸はもちこまれていて、東京でいえば、愛宕神社は前をはしる街道筋に対して直交した山の上にある。東海道で最初に出あう品川神社も、道に対して垂直方向に位置します。調査を進めるなかで、日本の都市や建築には、このような「奥性」に対する感覚が強くあらわれているのではないかと考えたのです。

「奥」という表現は、万葉集、伊勢物語、徒然草、江戸時代の歌舞伎にいたるまで、日本人特有の空間認識として、我われの日常生活のなかに定着しています。「奥所」「奥山」「奥座敷」と使われたり、社会的にも、「奥の院」「大奥」などといいますね。あるいは、到達したい技を「奥伝」「奥義」と呼んだりする。

興味深いのは、「奥」がしばしば「見えない中心」を示唆していることです。愛宕神社も品川神社も、神社そのものは通りから見えません。ヨーロッパの山岳都市で教会の尖塔がそびえ立ち、町の中心であることを示しているのとは対照的です。あるいは、中国の伝統的な家屋建築の型である四合院を見ても、「奥」というより、表と裏の配置が特徴となっている。その中国から渡来した形式にしたがって、平安京は条坊制で区画されていますが、そこでは中国の都城のような完結した自律性は

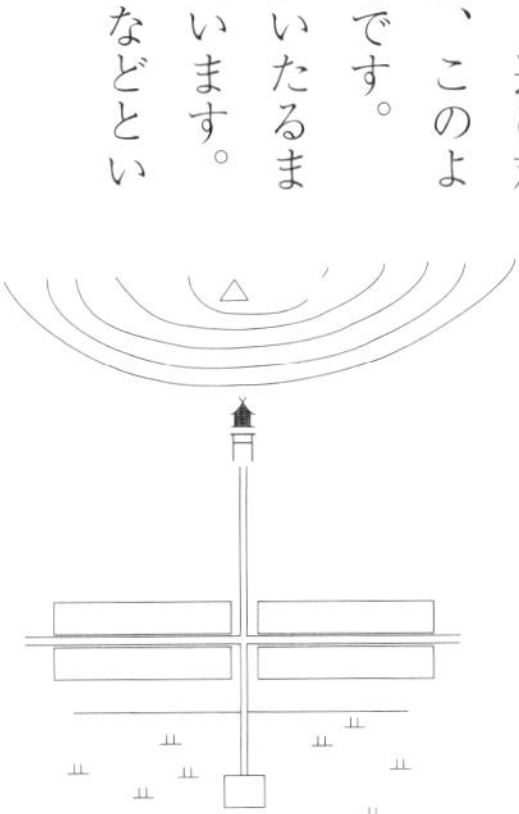
Ⅳ-1　伝統的な集落の配置図

Ⅳ-2　愛宕神社

なく、囲郭すべき城壁もなく、むしろ周辺の山々に無数に配置される社寺、離宮などが、京都で暮らす人たちに対して「奥」として暗示されるつくりになっています。

日本の都市は、「奥」という概念によって、狭隘な空間にも深みを与えることを可能にした一方、絶対的な中心をかかげ、人びとが集まるような空間ではなく、おのおのの「奥」をまもる社会集団の領域の集合として発展してきたというのが、その当時から考えてきたことです。

広場をもたなかった日本

——槇さんは一九七九年からは、東大工学部の建築学科で教壇に立たれます。母校で研究・教育の場に就かれる前から、設計実務と並行してアーバン・デザインの研究を続けておられたのですね。

事務所には、建築設計のチームに加えて都市デザイン室をつくって、自治体からのアーバン・デザインにかんする委託研究もしばしば行なっていました。

——設計の仕事も、公私の小中学校、団地のコミュニティセンター、ハウジングなど、次第にその幅をひろげていかれます。

Investigations in Collective Form(『集合体の研究』)を発表されたのは一九六四年のことでしたが、槇さんが一九六五—六七年に手がけた立正大学熊谷キャン

パスも、一つの集合体ですね。その後も一九六七年に始まったヒルサイドテラス計画、国際聖マリア学院（一九七二年竣工）と、建築家としてのキャリアがスタートした早い時期から、いわば「集合体としての建築」に多くかかわっておられます。

それは幸運なことだったと思います。たとえばル・コルビュジエが都市デザインに携わったのは彼の生涯の最後にさしかかった頃です。一九五〇年代に、ようやくインドのチャンディーガルでその機会を得た。それまで彼の仕事はあくまで単体の建築で、自分の建物を額縁に、その向こうに別の建物をつくる体験をもつことはなかったわけです。

——日本の建築家のなかでも、複数の施設からなるプロジェクトを多く手がけている人は、ごく例外的な存在だと思いますが……。

丹下健三[*5]先生の広島ピースセンターは、モダニズム建築の集合を展開した先駆的な例ではないでしょうか。一つの軸線を中心にして、慰霊のモニュメントもあるし、その先には原爆ドームがある。あるいは、坂倉準三[*6]さんの新宿駅西口広場や渋谷駅は、インフラとしての道路・鉄道と建物が合体したものです。

戦前には、我われの先輩が満州などで幾つかのプランニングを行なっていますが、たしかに戦後ではいま挙げた例のほかに、それほど数は多くないと思います。メタボリズムのメンバーはたくさん案を出していましたが、実現した計画は少ないので

＊5　丹下健三／Ⅰ章＊1参照。
＊6　坂倉準三／Ⅰ章＊14参照。

す。彼らの代表的な作品である中銀カプセルタワービル(一九七二年竣工、黒川紀章設計)、あるいは沖縄海洋博のパヴィリオン・アクアポリス(一九七五年竣工、菊竹清訓設計)にしても、単体です。

建物と建物の配置やデザインのバランスによって、その周辺の外部空間にどんな変化が生まれるか。それを理論・創作の両面で探究する機会を得たのは、重要なことだったのかもしれません。

——外部空間については、やはり七〇年代から、西洋的な広場に対比する形で、日本の庭や名所にも注目してこられました。

都市におけるパブリック・スペースの必要性についてはすでにお話ししてきましたが、日本の歴史を見ると、いわゆる「広場」という概念を、ずっともたずにきたことがわかります。

ヨーロッパの都市にとって、広場はギリシャのアゴラに始まる伝統の重みをもち、欠かすことのできない要素です。広場とは、強い人間の意志によってつくられた人工的な空間であり、領域であるといえます。町のオモテとしての象徴性を与えるために、中心広場はおおむね教会、市役所、図書館といった公共的施設を周りにともなって形づくられるのが常でした。

一方、江戸期の都市について考えると、ヨーロッパ的な、いわゆるパブリックな施設は城や社寺を除けばほとんど皆無でした。宮城はセントラルパークの三分の一くらいの大きさですが、江戸城の周りには堀がはりめぐらされて、厳重に保護されていた。そのなかで日本では、名所、奥、庭といった場所が、緩やかな集合をつくりだす街の接着剤のような機能を果たしてきたと思います。

寺の参道や境内へと通ずる空間は、まさにヨーロッパの広場に相当するパブリックな外部空間でした。社寺の庭空間は、よりプライベートな色彩を帯びた、いわばメンバー制の広場だったようです。町人町あたりはびっしりと長屋が建って、広い庭はもちろんない。ではどこに公共の庭を求めたかというと、それが名所だったのではないか。

あたらしい名所を次の世代に

名所は、つくられ始めた当初は武士や文化人たちのサロンとしての意味合いが強かったようですが、庶民の場として、徐々にパブリックな性格を強めていった。吉宗が将軍であった享保の時代、その数は一〇〇〇にも達したといわれています。丘の端であれ、谷の奥であれ、名所の境界は地形を生かしたものになっていました。境界は見えざる塀、垣であって、そこからの展望はまさに大名屋敷や草庵の庭がもつミクロコスモスを思わ

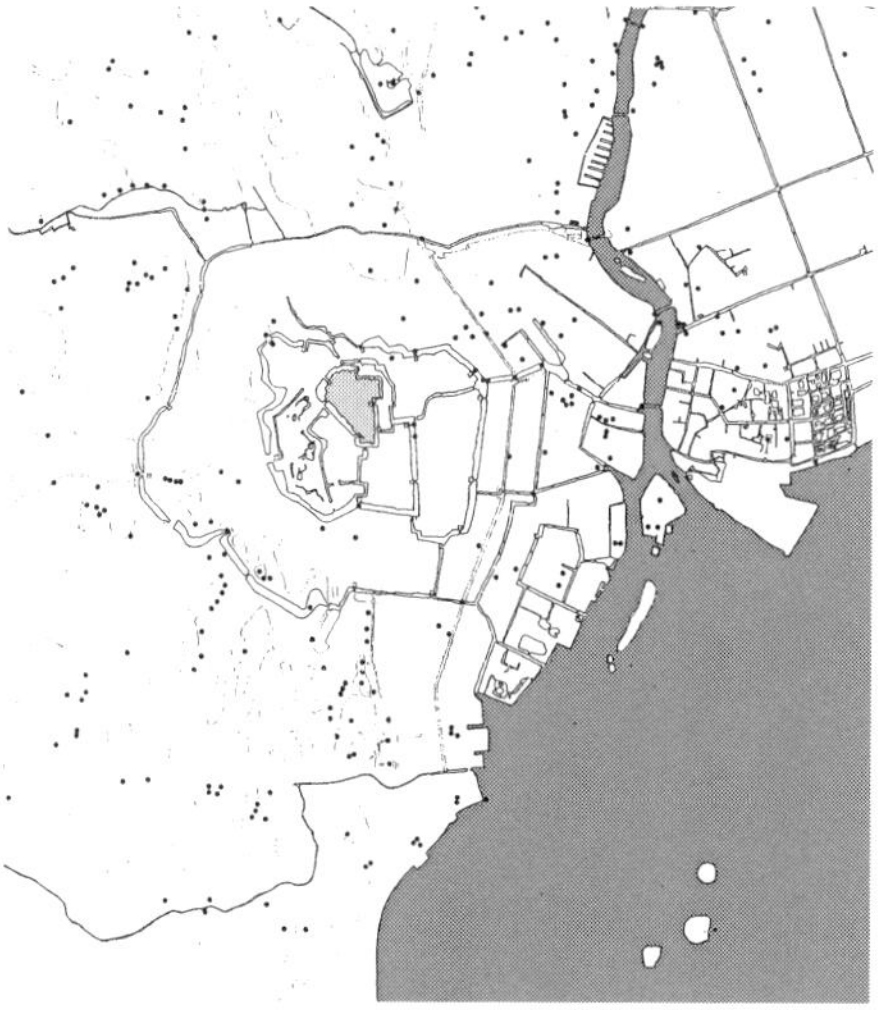
Ⅳ-3　江戸名所分布図

せるものだったと想像します。

分散してつくられた名所は、一応は幕府によって認可されていたもので、それはたとえば「アラブの春」のように、民衆が広場に集まって革命を起こすことを防ぐ、徳川幕府の統治者としての巧みな政策でもあったのでしょう。

江戸時代にあった庭空間の多くは、明治以降、社寺と運命をともにしてなくなってしまいましたが、一部は、深川、上野、浅草、飛鳥山のように大公園として残っていて、今日も多くの人びとに親しまれています。

――谷口吉生[*7]さんが設計を手がけ、二〇一一年にオープンした金沢の鈴木大拙館は、庭と家の形式を意識的に取り入れて発展させていますね。

鈴木大拙館の建物側から見える塀は、長い石を置き、灌木で仕切りをつくっただけなのですが、中から見ると、水面の向こうに今まであった景色――つまり借景がひろがっています。谷口さんが意識的に、かつてあった庭と家の概念を、モダニズムの手法でつくったことは非常におもしろいと思います。

――槇さんが二〇一四年に発表された新国立競技場計画の代替案には、「あたらしい名所をつくりたい」とのメッセージが掲げられていました。

昔の名所は、いま述べたように江戸の町に溶け込み、そしてその幾つかは今日の街並みにも引き継がれています。国立競技場も、オリンピックが開催される一六日間の祭典のことだけを考えるのではなく、五〇年後も街に包摂されているように、

＊7　谷口吉生／Ⅱ章＊27参照。

しかけをつくっておく必要があると思いました。

私たちのプランでは、大人も子どもも三六五日たのしめるスポーツ施設を拡充し、競技場として併用することを提案しています。二〇二〇年の時点では数万人規模の固定客席を想定して覆いをつけますが、二〇五〇年にはそれも取り去って一万人規模の固定観客席として、人びとが日常的なスポーツ活動をできる場にするという計画です。さらに時が経てば、都心のなかの広場として街に溶け込んでゆくでしょう。

国立競技場のある神宮外苑には、青山通りと交差する形でまっすぐにのびる二列の銀杏並木と、その焦点となる聖徳記念絵画館があります。両者がつくりだす光景は、大正時代から今日に受け継がれた贈りもののようなものだと思います。私たちも、平成から未来の子どもたちへの贈りものとなるような場所を残していきたいと願っているのです。

――これまで様ざまな都市を見てこられたなかで、東京の特色はどんなものだと思われますか。

先にも触れたように（Ⅱ章）、安い谷あいの土地を狙って敷かれた東京の骨格――山手線と中央線は、人口一〇〇〇万人以上のメガロポリスになったいまも、非常にうまく機能しています。また、密度の高い鉄道網は日本全国で整備され、東京を含む大都市では、私鉄がそれぞれの路線を放射線状に延ばして、それらがまた地下

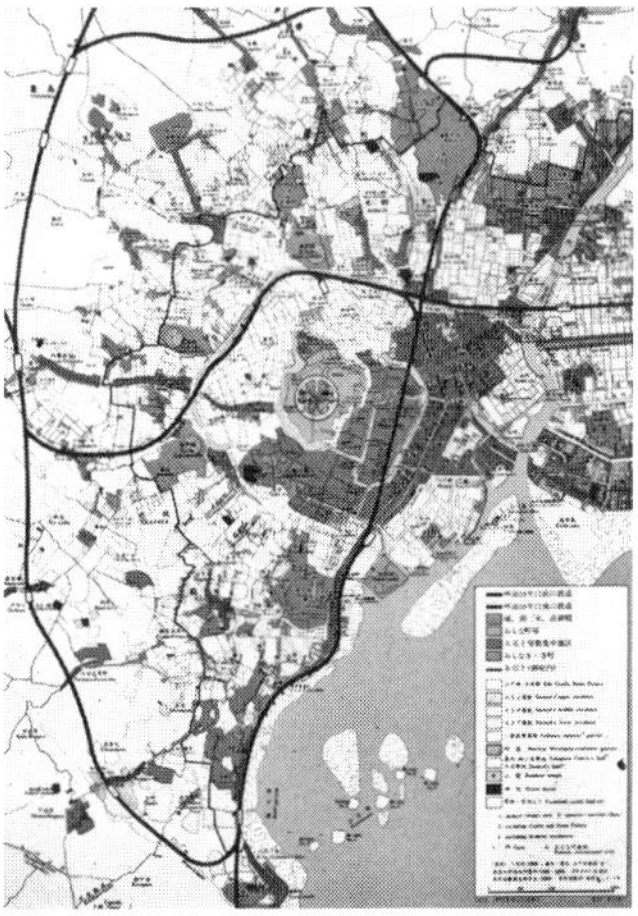

Ⅳ-4　東京の山手線・中央線（一九一〇年）

鉄やバスとリンクしています。

もう一つ特筆すべきは、それぞれの駅が独特のターミナル文化をもっていることです。一日数百万人が利用する新宿、渋谷、品川の拠点は、周辺地域も含めて、それぞれ特色あるミニ・シティを形成しています。駅舎も、東京駅のような西洋古典主義から京都のメガストラクチャー、湯布院のポストモダン、熊本のネオ・モダンと、近代のあらゆるスタイルをもつ建築が出現しています。一方、北海道には温泉施設と一緒になった宿屋風、日本家屋風の野趣に富んだ駅舎もあって、ターミナルを見ただけで、日本の建築の歴史が見えてくるのです。この「何でもあり」の精神は、日本人が駅に対して異常なまでの親近感をもってきた証左ではないかと思います。

アーバン・デザインの挫折

日本の都市空間の特徴をめぐって、シドニー大学のバリー・シェルトン氏は、『日本の都市から学ぶこと――西洋から見た日本の都市デザイン』(鹿島出版会、二〇一四年)で興味深い指摘をしています。

彼は、ヨーロッパで見られるような整然とした街並みこそが都市の姿だと思っている人にとって、日本の入り組んだ路地やあちこちに並ぶ標識・看板は猥雑にしか感じられないかもしれないが、よく観察してみると、そこには隠れた規則性や原則が存在すると指摘しています。

彼によれば、日本の文化は「線」志向ではなくて「面」志向であって、たとえば日本では「町」とよばれる「面」に地番がふられるのに対して、西洋では街路が建物などを特定するための「線」データになっているといいます。この線志向の都市では、通りと番地さえわかれば、目的地にたどり着けるというわけです。ところが日本だと、私の住む「東五反田」とはどの一帯なのか、どこからどこまでが何丁目なのか、それだけでは絞りこむことができないのです。

――図と地の関係をいつも意識しないといけないということですね。CIAM[*8]（近代建築国際会議）が掲げたアテネ憲章の明快な都市の秩序とは、まさに対極にある。

先ほどの鉄道網の発展と都市の粒子の精緻化はいまも進んでいて、私鉄やメトロでも、路線が交錯するところで、新しい核が生まれ続けています。つまり、ますます混沌としてきている。

日本人の特性として、線を基にした秩序に対する関心より、自分の周りのテリトリーをどう守っていくか、育てていくか、そのためにどういう設《しつら》えをしたらいいか、そうしたことに目が行きやすいのかもしれません。路地などではよくところ狭しと緑がちりばめられていますね。

それから、ミクロな道案内や歩道は、非常に親切にできている。こうした細かい

＊8　CIAM／Ⅰ章＊26参照。

ところへの気配りが、都市を住みやすくしているといえるでしょう。日本人の穏やかさというのは、やはり気質として昔からあったし、今もけっこうあるのではないかと思うんです。

東京の魅力は、斜めに行けること、路地を通ってさっと近道できることです。ニューヨークじゃこうはいかない(笑)。

――しかし、「社会資本の形成の失敗」について指摘されたように(Ⅲ章)、日本の空間文化、歴史的なひだの重層性を感じるところは、ここ二〇年ほどのあいだに急激に減ってきているように思います。

五〇年前に、我われがアーバン・デザインにおいて共有していたコミュニティ・モデル、つまり住居と近隣施設を中心とする安定した空間群というイメージが、通用しなくなってきているということだと思います。

コミュニティづくりの形成と維持は、アーバン・デザインの核となる技術でした。以前、一九五六年のアーバン・デザイン会議でエドマンド・ベーコン[*9]がフィラデルフィアの都心地区再開発計画を説明していたことをお話ししました(Ⅱ章)。この計画は一時、大きな成果を挙げたのですが、現在はアメリカの大都市のなかでも、とりわけ廃墟化が著しい地域だといわれています。住み分けがいっそう進み、境界の摩擦が激化して、コミュニティ自体が崩壊してしまったのです。

日本でも、一九七〇年代の時点で、すでに相続税の問題や地上げによってコミュ

＊9　エドマンド・ベーコン／Ⅱ章＊3参照。

ニティが切り崩されているという実感をもっていました。一時は世界二位のＧＤＰを誇りながらも、比較的貧富の差のすくない社会をつくり出してきたはずが、住み分けの少ない、ある種の均衡パターンが部分的に崩れてきて、これまで日本の都市で経験したことのなかった摩擦が発生しています。これは、東京のアーバン・デザインの影の部分だと思います。

――経済学者の宇沢弘文さんは、「社会的共通資本」としての都市についても論じていました。私たちが社会のなかで基本的な条件としなければならないのは、美しく、豊かな自然環境が安定的・持続的に維持されていること、快適で清潔な生活のための住居生活的・文化的環境が用意されていることであると。

コミュニティの問題は、まさに社会的共通資本としての都市が危機にあることを意味しているように感じます。

もはや「共通資本」とはいいがたいほど、いま都市空間の分断、人びとの住まいの隔離は進んでいますね。

この前ニューヨークで、私が設計した４ＷＴＣからマンハッタンの景色を一望する写真を撮ったとき、一つ頭がぐんと飛びぬけているビルが見えました。高さ四〇〇メートルの高級コンドミニアムで、上部はワンフロアから一戸が成り、一〇〇億円もの価格がついています。それが売り出されるとけっこう評判になり、中近東やロシアのビリオネアが購入しているときききました。ネオリベラリズムの一つの典型

Ⅳ-5　４ＷＴＣ

というか、シンボリックなケースだと思います。

エッフェル塔もスカイツリーも、入場料を払えば、みんなが展望台からの眺望を共有できます。しかしこの空間は、何億ものお金がなければアクセスできない。地上部分が広場になっているということもありません。あるいはニューヨークにおける資本の速度・規模とは比べものにはなりませんが、日本でも、超高層マンションが少しずつ普及して、空間の独占・階層化が進んでいるという指摘があります。たとえば神戸大学教授の平山洋介さんが「都市をほんとうに売り払うのか？」という論文を書かれましたが(『グラフィケーション』二〇一四年九月号)、一つの区のなかに、高層マンションと「脱法ハウス」のような水平レベルでの住み分け現象が見られる一方、同じ超高層マンションのなかでも、高層部と低層部では単位面積あたりの価格に大きな差があって、垂直方向の階層化が見られるというわけです。

地方都市でも、多くの旧商店街が郊外のショッピングセンターに商圏を奪われ、中心部の空洞化、荒廃が加速しています。つまりここでも既存のコミュニティが危機にさらされているのです。

そして、そうやってスーパー・リッチが高級コンドミニアムを買い占めているのとは、対極的な現実もあります。先日、私が一六、七年前に手がけた横浜市にあるコミュニティセンターを訪れたとき、併設されているお年寄りのケア施設には、想像以上に大勢の利用者がありました。四〇人くらいのキャパシティですが、その日利用していた方々の平均年齢は九三歳で、七〇パーセントは認知症の人です。朝一〇時から午後四時まで、バスの送迎つきで、お年寄りのためのデイケアを行なっています。ご存知のように、個人の負担分を除けば、介護士さんのお給料など、自治体がその費用の少なくない部分をカバーしているわけですね。こうした公共施設のニーズは非常に大きいと思いますが、はたして今後も行政による維持が可能なのかという問題も出てきています。

東京の未来を考えると、多くの地域は、おそらくまだ過疎化はしないし、若者もある程度流入するでしょう。しかし、仮にかつてのような「産めよ殖やせよ」政策を採ったとしても、若者たちが東京の人口増加に寄与するとは考えづらい。むしろ、一人で歳を重ねてゆく人が増えて、社会保障費は膨らんでいく。そういう時代にすでに入っていると思うのです。

漂白される場所性

よりグローバルなレベルで話をするならば、『俗都市化――ありふれた景観　グローバルな場所』(フランセスク・ムニョス著、昭和堂、二〇一三年)という本は読まれましたか。筆者はスペインの地理学者ですが、彼は、同じエリアに暮らして働くという、市民社会がつくってきた都市のイメージがもはや成り立たなくなっていると指摘しています。

交通機関の発展にともなって、非常に遠いところから通って週五日だけ都心部で働いているとか、あるいは、複数の場所で不定期に仕事をする人たちが増えてきている。さらに諸外国からの観光客を含めると、市民ではない、訪問者・滞在者である地域民(テリトリアン)の人口が増えてきているといいます。

かれの主張する「俗都市」には幾つかの要点がありますが、その一つに、都市空間の「パートタイム消費」ということが挙げられています。ある場所の住人よりも、場所をわたり歩く訪問者の経験、行動のほうが優先され、都市のあり方は、もはや市民ではなくて地域民によって決定されているというわけです。

これは世界的な現象で、ロンドンにしろブエノスアイレスにしろ、各地で都市の歴史的なイメージが減少し、「俗都市化」が進行しているのかもしれません。かつての都市論では把握しえないダイナミズムが生じています。その最大の要因は、人びとの地理的な流動性、そして、その流動性を促進する市民間の不平等の拡大、資本による土地の市場化だと思います。

――画一的な都市の光景ができていく一方で、コミュニティの成立基盤はそれぞれの地域によって大きく異なります。一つの成功例が、他においてなかなか適用できない難しさもありますね。

比較的、成功しているといわれるヨーロッパの幾つかの地域ですら、ＥＵの拡大にともなう都市間・地域間の移住の増加、住民間の教育格差の増大、雇用の流動化などの課題で、その将来は決して容易なものではないと誰もが認めています。

他方で、過度の資本の集積は、たとえばドバイにおいて四〇万平方メートルの床面積をもつショッピング・モールや、高さ八〇〇メートルを超える超高層ビルの出現をうながしました。これらの巨大施設は、都市を内部から破壊する異形の細胞群と考えられます。場所性が零度まで漂白された開発への資本の投資は、ＳＦ映画にあらわれる、荒廃した未来都市を思わせるものがあります。

六〇年前にアーバン・デザイン会議が目指したものが、開発の進む都心部とそこでのコミュニティとのあいだの、バランスの取れた空間の姿の追究であったとするなら、その努力をあざ笑うかのようにこうした一連の特異な都市現象が出現しつつある。これからの都会のコミュニティは、きわめて意識的に維持し、育てていかなければならないものです。実際には、ほとんど消滅しているわけですから。

二人の学者が出会って

――とはいえ、槇さんはヒルサイドテラスの他にも、軽井沢の南原など、持続するコミュニティづくりにかかわってこられました。南原のことを「夏の定住社会」と書かれていますね（前掲『漂うモダニズム』）。

両者とも偶然に良い条件が重なっただけで、松隈さんのいわれたように、こうすればうまくいくという処方箋はありません。ただ南原のコミュニティの観察を通して強く感じるのは、ある集団が、安定した場所を何世代にもわたって維持していくことが、そのなかの個人にとっていかに貴重なものであるかということです。

私が南原を知るようになったのは、妻の実家が昭和の初めにそこに家をもったためです。南原は、ちょうど旧軽井沢と中軽井沢のあいだに位置していて、鉄道線路の南側にあたります。

ご存じのように、軽井沢は日本に在任する外国人が開発し、日本人がその後を追う形で発展した地域です。いまから一〇〇年ほど前、南原一帯の広大な農地を所有していた市村今朝蔵[*10]という政治学者が、海外で出会って親しくなった法学者の我妻榮[*11]と一緒に、この土地をどうするのか、開発の構想を考え始めたそうです。

開発にあたって彼らは二つのルールを決めました。一つは、それぞれの区画が大きく、緑もゆたかな土地なので、塀と垣根のない別荘地にするということです。当時の旧軽井沢では、それぞれの所有者が塀で敷地を囲み、道の向こうが見えない、気楽な近隣との交流もない光景が一般的だったそうです。二人はこれに反発して、この別荘地は、もっとたのしい学者村にしよう、と考えたわけです。もう一つは、別荘地の真中に原っぱをつくったことです。当初の住人には学者が多かったので、夏、家族を連れて来たときに朝は勉強に集中できるよう、子どもたちを一カ所に集

Ⅳ-6　南原の案内板

＊10　市村今朝蔵：いちむら・けさぞう（一八九八―一九五〇）／政治学者。長野県北佐久郡東長倉村（現・軽井沢町）に生まれる。長年にわたって日本女子大学教授を務めた後、一九五〇年に早稲田大学教授に就任。市村が別荘として近衛文麿から購入した住宅は移築・復元され現在は市村記念館（軽井沢町歴史民俗資料館分室）として利用されている。

めるための原っぱと、彼らが勉強する小さなクラブハウスを設けました。

一九三三年に市村家のものも含めてまず四軒の別荘が建てられますが、それから八〇年後の現在、夏の最盛期にこの地域で過ごす人は一〇〇〇人を超えるそうです。

おもしろいのは、今、日本の都市はどんどん変わっていってしまって、自分の住んでいる家の周りでも、知り合いだという人が少なくなっています。ところが南原では、夏だけは同じところにみんな集まるので、継続的な関係性が存在しています。妻は幼少のときからここで夏を過ごしてきましたが、彼女があたかも親戚について話すかのように、旧くから交際のあった家族の人たちを何世代にもわたってよく知っていることにおどろかされます。

そして、欧米の社交界のように、別荘地においても何かソーシャル・ステイタスを競い合うということではなく、お互いが自由に交流し合うなかから、運動会をしよう、花火大会も、そしてキャンプもしようと、どんどんそのアクティヴィティが増えていきます。南原での運動会は三、四世代にわたる家族が集まる最大のイベントですが、私が最もうれしく思ったのは、原っぱが幼児であふれていたことです。

おそらく一〇〇年前、二人の学者はこうした光景を想像していなかったでしょう。この幼児たちが、やがて大人になって、彼らの子どもたちを連れて、またこの場所に集っていくのだと思います。

＊11　我妻榮：わがつま・さかえ（一八九七―一九七三）／法学者。一九二〇年に東京帝大法学部卒業ののち、二七年に同大教授となる。戦後の民法改正をはじめ、民法内外の様ざまな立法過程に指導的な役割を果たした。

「定住社会」を生み出した約束

――場所に対する人びとの愛着を生み出すような、魅力的な住まい、働く場をどうやってつくっていったらよいのでしょうか。

建て替えられて、変り続ける都市が当たり前になって、どんな建物を残していくべきか、そのための議論の基盤になるものが共有できなくなっているように思います。私たちは、槇さんが感じてこられたような建築の豊かさや素敵さを、日常的な都市環境のなかでは経験しにくくなっているのではないでしょうか。あの学校で学んでよかったなとか、あの家は憧れだったとか、そうした経験を特にもつことのないまま大人になってゆく人も多いかもしれない。

土浦邸のような有名な建築でなくとも、子どものとき、よその家に遊びに行きますよね。すると、皆、間取りも庭も全然違う家に住んでいて、それがとてもおもしろかった。当時は木造ですから、木の匂いからして違うのです。いま孫もよく友だちの家に出かけていますが、マンションにしろ一戸建てにしろ、規格化が進んでいますから、扉を開けてどこも同じだとすると、可哀想だなと思いますね。

かつての日本の街並みや建築は、有名なブルーノ・タウト[*12]だけでなく、数多くの訪問者によってその素晴らしさが「再発見」されていました。しかし、もちろん昔

＊12　ブルーノ・タウト：Bruno Julius Florian Taut（一八八〇―一九三八）／ドイツの建築家。T・フィッシャーの下で建築を学んだのち、一九〇九年に独立。表現主義建築の旗手として脚光を浴びる。一九三三年に来日。桂離宮を訪れ、モダニズム建築に通じる近代性を評価した。作品にガラス・パヴィリオン、日向別邸ほか。著書に『日本美の再発見』（岩波新書）など。

がよかったということではなくて、先に紹介したシェルトン氏の著作のように、いまも都市の仕組みを解明する客観的な分析が国内外に数多く存在していますし、国境を越えた研究者や市民の交流が、間断なく行なわれる時代が来ています。まずは開発に反対する、賛成するといった主義主張とは離れたところで、もっと詳細に都市を理解する必要があります。

コミュニティ・アーキテクトの必要性については以前にも話をしましたが(Ⅲ章)、東京全体、日本全体をどうしようという話ではなくて、もっとミクロな、ボトムアップのプランニングを盛んにしていく必要があるのではないでしょうか。それによって、建築家も、住民も、地域に対して興味をもち始めるはずです。専門家、あるいは大学・仕事をリタイアした人たちと、たとえば周辺の大学の研究室が、自分たちのコミュニティプランをつくることは非常に意義があると思います。有志の人たちで、二、三年でも時間をかけて、自治体から必要なデータを得ながら、プランを練る。そして、プランに対するリアクションを得て、議論を重ねることができれば、自治体もそれを無視することはできなくなるでしょう。

ミニ・スケールのプランニングこそ重要で、喧伝されている大規模再開発や国家戦略特区などは、使い方を誤れば非常に良くないものになる可能性があります。東京には別の戦略が必要なのです。

——住んでいる人が、街の良さを観察し続けている人や、専門家たちを巻き込んでいく。

ええ。日々、街を見ている人の意見というのは大事ですね。この建物をどう維持するか、この街の特性は何なのか、意見がたくさん出てくるようになれば、コミュニティづくりが始まっていくわけです。「創造とは新しい関係性の創出だ」といわれますが、新しい都市社会、新しい文化をつくり出していくのは最終的には資本でも施設でも情報でもない。自由な思考力と行動力をもった人間一人ひとりなのです。南原のケースはそれをよくあらわしています。

あれはごく少数の、余裕のある人たちだけのコミュニティではないかという人がいるかもしれません。そういう面もあるとは思います。しかし、街づくりや建築の専門家ではない二人の学者が決めた二つの約束事が、持続するある一つの社会を生み出したことは、今日我われが直面する「コミュニティとは何か」という問題に、何かヒントを与えるものではないでしょうか。

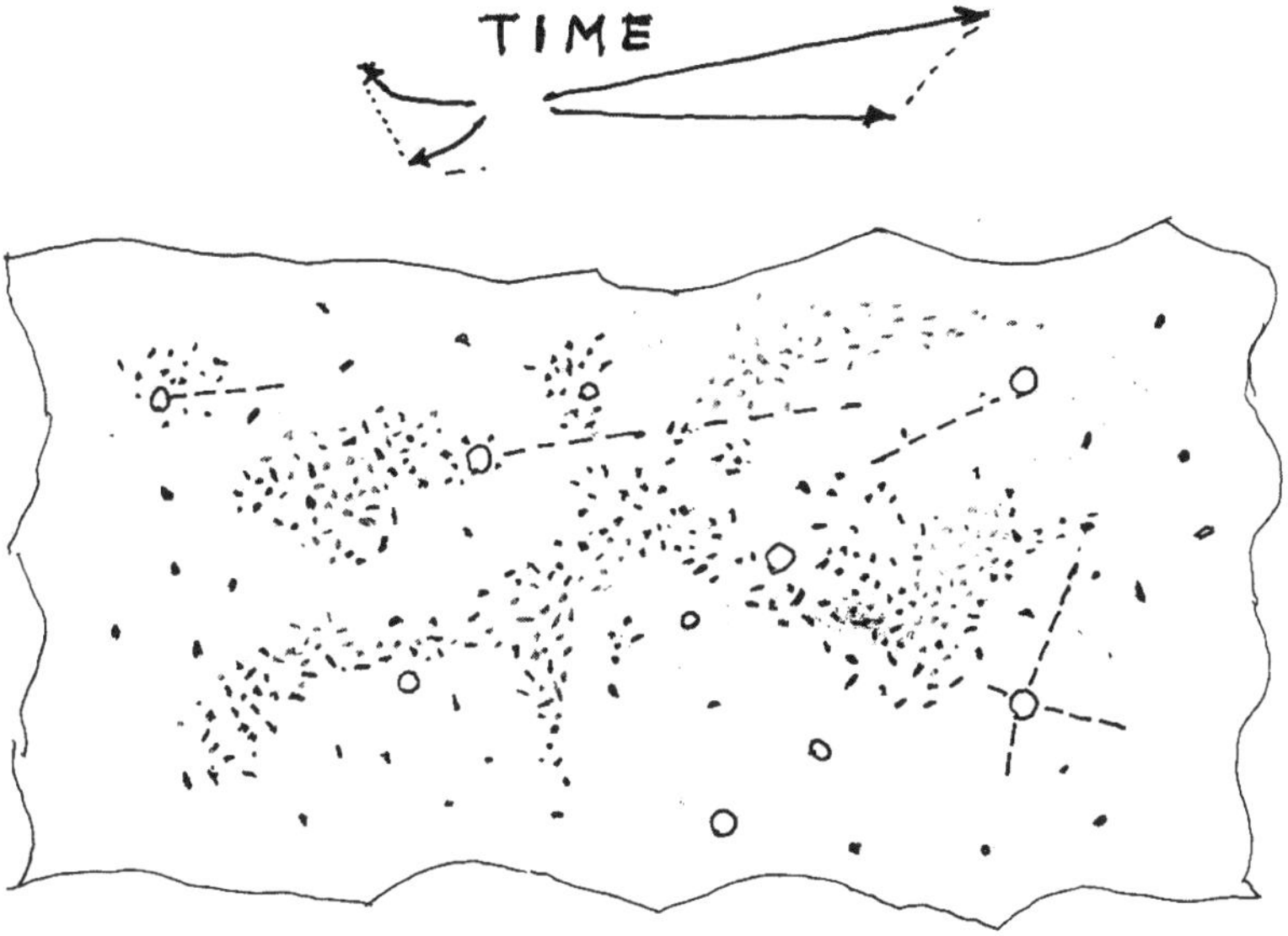

モダニズムの大海原

V章 「共感のヒューマニズム」へ

「建築はこれからどうなるのか」

――幼少期の空間体験として、慶應幼稚舎や土浦亀城邸など、昭和初期モダニズム建築の代表作との出会いについてお話しいただきました(I章)。槇さんの設計活動の原点にある、モダニズムの存在について最後にお尋ねしたいと思います。

モダニズムの本質とは何か。誕生から一〇〇年あまり、日本のモダニズム建築は、どのような展開をたどってきたのか。そのなかで建築家たちはいかなる状況に置かれ、今後、社会とどのようにかかわってゆくことができるのか――二〇一二年に発表されたエッセイ「漂うモダニズム」(前掲『漂うモダニズム』所収)は、これらの問いをめぐる槇さんの思考の集大成ともいうべき内容ですね。

「漂うモダニズム」の最後でも、ある出会いについて書いています。

数年前、事務所の前の通りで信号が変わるのを待っていると、一人の青年が近づいて、「槇さんですか」と声をかけてきました。そうだ、と答えると、「これからの建築はどうなるんでしょうか」とふいに聞いてきたのです。そんなこと、横断歩道をわたる数十秒では答えられないし、結局、何も言わずに別れました。ところが、しばらくしてやはり若いハーヴァード大学の学生たちが事務所を訪ねてきたときにも、同じように「建築はこれからどうなるのか？」と質問されました。

若い世代は、自らの建築家としての将来に、希望というより不安をもっているのではないか。そういう感じを受けて、自分の知る範囲のことを書いておいたほうがよいかもしれないと考えたのです。

私は、何か説明したり主張したりする前に、まずは観察するという姿勢でこれまでやってきましたし、いきなり「君たちはこうすべきだ」と次の時代の趨勢について話しても、彼らの問いに応じたことにはならないだろうと思いました。モダニズムが生まれて約一〇〇年とすれば、私自身建築を志してから、その後半の六〇年を経験しています。幸い二〇世紀の巨匠といわれる作家たちとも何人か接触することができたので、そうした見聞や、私の若い時代から今日まで、モダニズム建築がどう変わってきたのか、それをなるべく主観を排して伝えようとしました。

――「漂うモダニズム」は、若手建築家へのメッセージとして書かれたのですね。前半では、「建築」と「言語」の比較から、モダニズムの現在を整理して論じておられます。

両者には、おもしろい類似の傾向が見られるからです。

言語の歴史をさかのぼると、古代、多くの部族が定住を始めたときには、それぞれの集落内の、ごくかぎられた範囲内で使用される言語として、まず無数の「母語」が存在していました。やがて紛争が生じたり、交易が活発になってくると、異なる部族同士のやりとりが必要になります。「強い」言葉が「弱い」言葉を征服することも起きる。この「強い」言葉の使用範囲が広がるにつれ、ラテン語、サンスクリット語、アラビア語、漢語など「普遍語」の地位が確立されていったのです。

普遍語の形成は、特定の階層の人たち、知識階級による「特別な言葉の囲い込み」現象であったともいわれています。すなわち一握りの、しかし様ざまな地域に存在する使い手によって、普遍語は言語として洗練され、語彙の豊饒さも高められていった。普遍語の習熟の程度は、その地域の文化のあり方にも深い影響を与えるものでした。

この歴史を建築の世界と比較したとき、「母語」に対してローカルな、土着の建築が、「普遍語」に対して様式建築が存在するのではないかと考えました。

土着の建築は、そこに暮らす人にとって、最も住みやすく、手を入れやすい形式でつくられています。ある集団の知恵によって、地勢や気候、ライフスタイルに適応した一つの型がつくられ、それが地域の建築として定着していったのでしょう。日本の町屋、あるいは書院造・数寄屋造なども、様式というより、広い意味でこの土着の建築にあたるものではないかと思います。

一方、建築においても、その形態・空間を通じて集落外の「他者」に感動や畏怖の念を与えたり、新しい機能をもつことが必要とされるようになります。普遍語が生まれたのと同じように、普遍的なスタイルの建築がつくられたということです。いちばんわかりやすいのは社寺・教会・モスク・シナゴーグのような宗教建築ですが、他にもヨーロッパでは、早くから公会堂や図書館、競技場などパブリックな性格をもつ建築ができています。そして、これらの建築の「かた」は絶えず進化し、洗練されてゆきました。そこが普遍語と、スタイリスティックな建築の共通点です。私たちはこれを、様式をもった建築と呼んでいます。

民主主義を空間化する

ごくラフにスケッチすれば、この「普遍」と「ローカル」の二項関係が一七、八世紀ごろまで安定して続いてきたというのが、世界的に見た言語と建築の歴史です。その後、産業革命が起き、ネーション・ステートが台頭すると、この構造は崩れ始めます。言語の世界では「国語」が生まれる。権力者や知識階級が、翻訳を通して普遍語の滋養を吸収し、国語を練り上げていくわけです。

建築の世界では、じつは、「国民建築」は流行りませんでした。それまでの様式建築で国家の権威をおおむね表現できたということなのかもしれません。しかし、旧い建築スタイルに代わって、一九世紀の終わりから二〇世紀にかけて、モダニズム建築が登場します。そして「普遍語」の地位を獲得するのですが、このことは、二〇世紀以降、新興国で新都市を建設するときに、モダニズムの「言語」が用いられたという歴史にもよくあらわれています。

ルシオ・コスタ[*1]とオスカー・ニーマイヤー[*2]によるブラジルの首都・ブラジリアの都市計画は、一つの象徴的な例です。彼らの計画は、「輝く都市」、「「太陽と緑」のユートピア」など、ル・コルビュジエ[*3]の示唆を受けたものでした。

私は、ニーマイヤーと彼の弟子たちが手がけたブラジリア大学を二度訪れていますが、旧い都市が一つひとつの建築の求心性によって私たちの感性に訴えてくるのとは異なる、大らかなオプティミズムに満ちたデザインが印象的でした。初期につくられた素朴な建築から、複雑でダイナミックな構成の大学本部棟まで、空間の遠心性が様ざまな形で展開され、新しい詩情が謳いあげられています。

モダニズム建築は、かつての様式建築の規範から解き放たれ、合理性と個人の幸福を目的としていました。ブラジリア大学には、その思想がはっきり刻まれていると思います。

――独自の建築論を展開したノルウェーのクリスチャン・ノルベルグ＝シュルツは、二〇〇〇年に改訂版が出版された *Principles of Modern Architecture* という本で、モダニズム建築の切り拓いた原理として、「自由な平面」「開かれた形態」「自然な住宅」「民主主義を支える施設」「健康的な都市」「新しい地域主

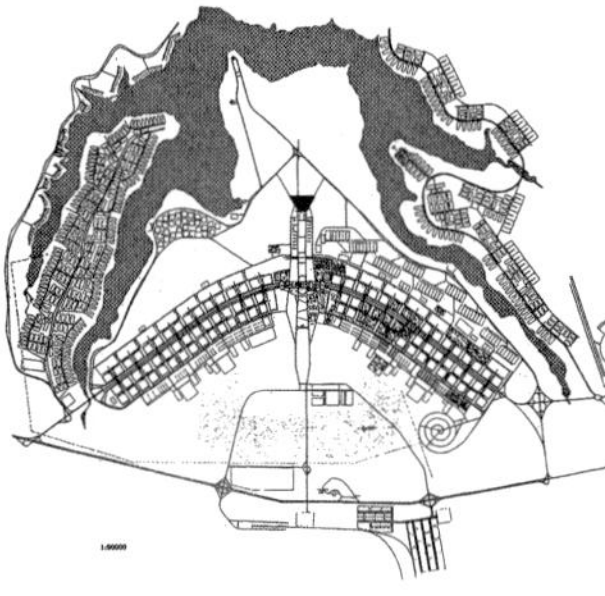

V–1　L・コスタによるブラジリアのプラン（一九五六年）

＊1　ルシオ・コスタ：Lúcio Costa（一九〇二―一九九八）／ブラジルの建築家。フランスのトゥーロンに生まれる。両親はフランス系ブラジル人。リオ・デ・ジャネイロで建築を学び、ブラジリア市の建設で国際審査員団によって当選作に選ばれた。現代ブラジル建築の父と称される。

＊2　オスカー・ニーマイヤー：Oscar Niemeyer（一九〇七―二〇一二）／ブラジルの建築家。リオ・デ・ジャネイロ国立芸術大学建築学部を卒業後、L・コスタの事務所で

義」「新しい記念碑性」など、九つの要素を挙げています。

ここでシュルツが提示した原理を端的にいいかえれば、民主主義社会にふさわしい建築のあり方を模索しようとしたことにモダニズムの独自性があるのではないでしょうか。建築の長い歴史のなかで、これほど自覚的に、人間の自立を可能にする生活空間が模索されたことはありませんでした。モダニズムが果たそうとした「民主主義の空間化」という面を忘れてはならないと思います。

民主主義が長い時間をかけて形成された概念であるように、モダニズム建築も、一九世紀の技術革新によって突如生み出されたものではありません。ヨーロッパ社会では、ルネサンス後期の、ヴィラなどの邸宅のプランニングに「形態は機能に従う」という有名な言葉で知られる機能主義の精神を発見することができます。住む側の「快適さ」を目的とする、従来の様式的な部屋の配列にしばられない空間構成がすでに試みられていたのです。

モダニズムの様式が確立されるまでには、そうした精神面での解放にはじまって、大衆社会の成熟や、交通・通信システムの発達、建築技術・材料面での革新をまたなければならなかったということだと思います。

働く。一九三六年、教育保健省の設計チームに参加し、設計顧問として招かれたル・コルビュジエより深い影響を受ける。作品にブラジル大統領官邸、国会議事堂ほか。

＊3　ル・コルビュジエ／Ⅰ章＊18参照。

「大きな船」の偉大な乗客

普遍語について「知識階級による「特別な言葉の囲い込み」」と述べましたが、建築にも、やはりそのような歴史があります。いちばん古い石の工匠は古代エジプトにまでさかのぼるそうですが、その当時から職人たちには、どこに最も良質の素材があるか、どうやってその素材を運搬し加工するかなど、様ざまな知識と経験が求められ、またそれらを蓄積していました。そうしたところから、「工匠の伝統」も生まれていきます。いわゆるプロフェッションの誕生ですね。

——日本にも、明治の初め築地に日本初の本格的ホテルをつくった清水建設の清水喜助[*4]など、多くの工匠がいました。

工部大学校の造家学科(今日の東京大学工学部建築学科)第一回生である辰野金吾[*5]の存在も興味深いと思います。辰野はのちに東京駅や日本銀行の設計を手がけていますが、「お雇い建築家」ジョサイア・コンドル[*6]の紹介で、大学卒業後、イギリスの有力な建設業者トマス・キュービットのもとへ留学しています。それは、単にデザインをして後の施工は任せるという姿勢ではよしとせず、実際に「つくる」ことの重要性を学ぼうとしたためではないでしょうか。日本の工匠の伝統が、近代的な形で培われていった例の一つです。

＊4　清水喜助：しみず・きすけ(一八一五—一八八一)／大工棟梁出身の建築家・施工業者。一八三九年に初代(一七八三—一八五九)の長女と結婚入婿、五九年二代目襲名。数多くの洋風建築の工事を手がける。作品に第一国立銀行、第一銀行横浜支店、渋沢栄一邸ほか。

＊5　辰野金吾：たつの・きんご(一八五四—一九一九)／建築家。肥前唐津藩士の子に生まれる。工部大学校第一回生としてJ・コンドルのもと学んだのち、イギリス留学を経てコンドルの後任として工部大学校教授に。日本近代建築の黎明期に大きな影響力をもった。作品に奈良ホテルほか。

＊6　ジョサイア・コンドル：Josiah Conder(一八五二—一九二〇)／イギリス人建築家。ロンドン大学などで建築を学び、W・バージェス建築事務所で働く。一八七七年に来日。工部省工作局技術官、工部大学校教師などを務める。日本の洋風建築導入、建築家の育成に功績を残した。作品にニコライ堂、三菱一号館ほか。

二〇世紀初頭につくられたＣＩＡＭ[*7]（近代建築国際会議）は、歴史的な職人たちのネットワークの延長線上にあるとの見方もできますが、ＣＩＡＭのメンバーがたんに様式だけではなく、思想を分かち合っていたことは非常に重要です。

初期のモダニズムは、明確な目的やマニフェストとともに登場し、それまでにない建築のスタイルをもっていました。そして、私が目撃した一九七〇年頃までのモダニズムは、一言でいえば誰もが乗っている「大きな船」のようなものだったのです。具体的な行先はわからなくても、「進歩」を駆動力にした一隻の船に乗り、前へ進む感覚を共有していた。近代建築を実践していくうえで、当面不安を感じるようなことはないだろうと、ほとんどの建築家たちが考えていたと思います。

――しかし、その船に乗る建築家たちは千差万別です。ル・コルビュジエ、ミース・ファン・デル・ローエ[*8]、アルヴァ・アアルト[*9]、あるいはＦ・Ｌ・ライト[*10]、ルイス・カーン[*11]……それぞれまったく異なったスタイルや思考をもっています。

そうですね。私たちは、彼らをみな同じ船の偉大な乗客として歓迎していましたが、初期のモダニズムは、もともと一つの根っこから生まれたものではありませんでした。

生活感、生活意識を大切にする北欧のモダニズム。ドイツ工作連盟[*12]がリードした啓蒙的運動としてのモダニズム。あるいは、新しい革命的な合理主義を目ざす、コルビュジエを先頭とするモダニズム。これらが表現形態をめぐって、純粋幾何学、

＊7　ＣＩＡＭ／Ⅰ章＊26参照。

＊8　ミース・ファン・デル・ローエ／Ⅰ章＊7参照。

＊9　アルヴァ・アアルト／Ⅲ章＊12参照。

＊10　フランク・ロイド・ライト／Ⅰ章＊5参照。

＊11　ルイス・カーン／Ⅱ章＊13参照。

＊12　ドイツ工作連盟：Deutscher Werkbund／様ざまな工業生産品の質の向上を目ざして、芸術家・実業家らが一九〇七年にミュンヘンで結成した建築・プロダクトデザインの団体。第一次世界大戦によって活動を一時中断するも、オーストリアやスイスなどでのちに工作連盟がつくられるなど、ヨーロッパのデザイン運動に大きな影響を与えた。

表現主義、土着建築などと複雑に絡み合いながら、多様な展開を遂げていったわけです。

私はこうした二〇世紀初めのモダニズム建築において、最も優れた規範は、オーストリア、スイス、あるいはオランダまで含むドイツ語圏から生まれたのではないかと考えています。そこでは「社会のためのモダニズム」という姿勢が、最も鮮明に表現されたからです。

彼らの建築の大きな特徴は、非常に理性の勝ったデザインです。同じドイツ語圏では、アインシュタインとかハイデガーとか、別なジャンルの巨星も生まれていますね。一九六四年、ミースはあるインタビューで「とりわけ今の混乱した時代に、理性をおいて他に行き先を導くものがあるでしょうか？」と話しています（『CASABELLA JAPAN』八一〇号、二〇一二年三月発行）。日本の近代建築一〇〇年をふり返って、建築のあり方をこのように明確に示した建築家はいなかったと思います。

——日本のモダニズム建築の特徴についてはどうお考えですか。

木造中心の私たちの文化、建築を見ると、西洋とは異なる理性と感性のバランスがずっと存在してきたことがわかります。坂倉準三[*13]が手がけた一九三七年のパリ万博日本館は、まさに両者の調和の上に立つ作品です。あるいは丹下健三[*14]の傑作、国立代々木競技場（一九六四年竣工）は、「理性」を担う構造・設備のチームと、丹下健三個人のセンスとの間断なき対話がつくり出した成果といえるのかもしれません。

V-2　パリ万博日本館

＊13　坂倉準三／Ⅰ章＊14参照。

＊14　丹下健三／Ⅰ章＊1参照。

――ヨーロッパとアメリカを中心に、世界中へとモダン・ムーブメントが波及したわけですが、日本の場合、丹下健三による香川県庁舎など地方都市にも数多くのモダニズム建築の傑作がつくられ、根付いていったこともユニークな現象だと思います。

船旅の終わり

――CIAMはその代表例ですが、モダニズムの登場以降、建築家たちによる数々のグループが生み出されました。槇さん自身、「チームX《テン》」や「メタボリズム」にかかわっておられます。

私たちが若かった時代には、様ざまな議論の場があり、密な接触のなかから、じゃあ一つ何かやろうじゃないかと、グループをつくることもしばしばありました。俺はそうじゃない、という孤高の作家たちも、もちろんいましたが。ところが、一九七〇年代を境に、一隻の大船からみな大海原に投げ出され、今度は一人ひとりがバラバラに泳ぎ始めなくてはならなくなった。つまり、私たちの創作のベースになっていた思想や指針が力を失っていったのです。

大阪万博が終わると、建築界でも何か出口のない閉塞感がただよっていました。それに先立つパリの五月革命や学生運動のうねりは、広く近代社会に対する異議申し立てでもあったと思いますが、建築の世界でも、モダニズムの教条的な規範化、モラルの押しつけなどが激しく批判されたのは、すでにお話ししたとおりです。たしかに、硬直化したモダニズムは、空間の均質化を通して建築を退屈なものにしてしまったし、それによる失敗――非人間的な都市空間の事例がいまも尽きないのは事実です。

――その七〇年代の終わりに、槇さんは、長谷川逸子[*15]、富永譲[*16]ほか、当時三〇代の若手建築家の作品を取り上げた時評「平和な時代の野武士達」を『新建築』(一九七九年一〇月号)に寄せられています。

時評を書くうえで、最も印象に残ったのは、若い世代に共通した何らかの建築思想ではなく、彼らの建築家としての生きざまでした。権力を志向しない。著名な大学を拠点とした師弟関係を離れ、生き抜くために自らの芸をひたすら磨いていく建築家たちのことを「野武士」と表現しました。彼らの世代はまた、多くの優れた建築史家も生んでいます。

――その後、「野武士」はひろく一九四〇年代生まれのアトリエ系の建築家たちを総称する言葉として使われるようになりましたね。

私としては、むしろ「平和な時代」という言葉に様ざまな感慨を込めていたのですが……。ともかく七〇年代後半は、次に出現する新しい時代への過渡期だったのだと考えています。

＊15　長谷川逸子：はせがわ・いつこ(一九四一―)／建築家。関東学院大建築学科を卒業後、菊竹清訓建築設計事務所、東京工業大篠原一男研究室などを経て一九七九年独立。作品に眉山ホール、湘南台文化センター、墨田区文化学習センターほか。

＊16　富永譲：とみなが・ゆずる(一九四三―)／建築家。東大建築学科卒業後、菊竹清訓建築設計事務所を経て一九七二年に独立。二〇〇二―一四年法政大学教授。作品に熊本市営新地団地C、ひらたタウンセンターほか。

その後、グローバリゼーションが加速するなかで、「船旅」は終わり、半世紀のあいだ浮かんでは消えたマニフェストも、スタイルも、大海原に溶けてしまった。モダニズムはいまや巨大なインフォメーション・プールへと変貌したのです。

もちろん、傑作は常に生み出されていますが、それらは大海原を浮遊し続けています。大海原では、きらめく作品群が存在していたとしても、もはや未来を志向する時間軸には配列されていません。あらゆる価値軸が存在して、ポストモダン建築のように、過去の様式に向かうものもあります。つまり時間軸ですら多様化しているわけです。

——以前、建築家の役割とは前の世代からのバトンを次へと託すことであるといっておられました（Ⅱ章）。しかし、建築家たちのフィールドが世界に広がって、これほど価値観が多様化すると、バトンを誰に渡していくのかという感じはありませんか。

相手がいなくなることはもちろんありません。ただ、はっきり見えないというか、拡散していっている面はあると思いますね。

——大きな船からみんなが海に投げ出されたとき、消えてしまったもの、それ以降、受け継がれなくなってしまった建築界の文化とは何だったのでしょうか。

一ついえるのは、充実したディベートやディスカッションの機会が段々なくなってしまったことです。ディベートがあり、会議があり、複数のメディアが存在して、年齢差かまわず建築家たちが話をする――そういう時代が終わりを告げたことは、やっぱり実感としてもっています。情報社会化という側面はその理由として大きいと思いますが、メディアの責任も相当程度あるはずです。

私がアメリカにいた一九五〇―六〇年代は、複数の建築雑誌が競い合うようにユニークな特集を企画し、議論を巻き起こしていました。今日、老舗の雑誌で残っているのは *Architectural Record* だけです。それも大手出版社マグローヒルの傘下ですから、もはや独立したメディアとはいいがたい。ロンドンの *The Architectural Review* はいまも高く評価していますが、むしろ例外的な存在で、雑誌評論をめぐる状況は、どの国でも似たようなものです。

個々の作家の作品集は山のように出版されているのに対して、議論や批評のフォーラムになっている媒体は紙でもウェブサイトでもわずかです。

滅びないものとは

もちろん、グローバリゼーションや情報社会化は負の現象だけをもたらすものではありません。それによって様ざまなネットワークも構築され、大海原の水面下に、あるうねりができつつあるとも感じます。

その潮流の一つは、ルネサンスのヒューマニズムとも、北欧建築のそれとも異なる、新しい広義のヒューマニズムです。多くの人間の共感を呼び起こすような、あるいは普遍的な人間性を探りあてようとする姿勢が存在するような建築から、「共感のヒューマニズム」が見出せるのではないかと思っています。

建築は、人間と同様、遅かれ早かれ滅びるものですが、残された思考の形式は滅びません。建築の形態・空間に、「人間をどう考えたか」という思考の形式を読み取ることができ、かんたんに消費されない社会性を獲得している——そうした建築に、私は可能性を感じます。

先に挙げた *The Architectural Review* は、一年に一回、注目すべき若手建築家の作品を選び、賞を与えています。近年の受賞者の出身地を世界地図にプロットすると、おもしろいことに、日本とスペインがそれぞれ五つくらい、後はスリランカ、タイ、エストニアなど各地に点在しています。パリやロンドンのような歴史的な大都市からはあまり受賞作品が出ていません。日本の若い建築家の多くは仕事にあぶれていますし、スペインも、経済停滞や高い失業率に見舞われている国ですね。にもかかわらず、これらの国から多くの建築家の作品が選ばれています。

もう一つ興味深いのは、選ばれた作品には、子どもに関する施設が多かったことです。何が快適なのか、何に歓びを感じるのかという点で、子どものリアクションは非常に率直です。文化的背景にしばられない、ある種の普遍性がよりはっきりと浮かび上がる。私は、それぞれの作品には、根源的なヒューマニズムへの関心があらわれているように思っています。

あるいは、以前、ＭＩＴメディアラボを設計したとき(二〇〇九年竣工)、一軒の家のように、お互いのコミュニケーションのよい空間をつくってほしい、と強いリクエストがありました。一見ハイテクな装備に満ちたこの施設は、違うジャンルの研究者たちが自由に訪れ、ディベートできるアトリエ群にはじまって、ごく人間らしい環境を形成しています。最先端の研究のために求められる環境は、ＳＦ映画のように漂白された空間の対極にある、きわめてヒューマンなものなのです。

こうしたうねりが、大きな波になるかどうかはわかりません。ただ、望みはもっています。波をつくり出すためにも、もう少しディベートの多い時代が来なければいけない。それもあまり狭い世界の専門家同士ではなく、外部に議論を開いていくようなかたちで行なうのがよいでしょう。

――戦後七〇年を迎えて、日本の建築と社会の厚みを見直してゆくと、今だからこそ見えてくるもの、長い歴史のなかで、ここが問題の核心だ、といえることが幾つもあると思います。「共感のヒューマニズム」は、その一つなのではないでしょうか。建築のなかで変わらない、希望をつないでゆくことのできる概念として。

繰り返しになりますが、歴史を見直すためには、実際に都市のなかに参照できるモダニズム建築が残っている必要があります。東京各地につくられた同潤会アパートはすべてなくなって、田園調布の街並みなども刻々と変わっています。近代建築の遺産も日に日に失っている。ＤＯＣＯＭＯＭＯ[*17]の活動は大事ですが、それ以外に、保存の努力がうまく蓄積していかないという課題があります。

――たとえば東京の丸の内周辺でいえば、重要文化財指定を受けた東京駅と明治生命館を除いて、五〇年前の建物はぜんぶ姿を消していることがわかりました。評論家の加藤周一が記したように「記憶喪失の都市」というべきかもしれません。

槇さんはあるエッセイで、メキシコの詩人オクタヴィオ・パスの「千人には千人のモダニズムがある」という言葉を引いておられました。建築家一人ひとりが、時代のなかでどのようなテーマを掲げ、それにどういう答えを出そうとしたのか。その姿の総体がある程度みえるようになって初めて、建築家たちが何を共有しなければならないかが理解できるのだと思います。

だから松隈さんには、もっとその作業を進めていただきたいのです（笑）。

アートとアイロニー

――建築は、発想したときから完成までに長い時間を必要として、「最新のもの」という言い方自体が成り立たない。どちらかといえば、常に「遅れてい

＊17　ＤＯＣＯＭＯＭＯ　Ｊａｐａｎ：ドコモモ・ジャパン／一九八八年に設立された近代建築の記録調査・保存のための国際ＮＰＯ組織「DOCOMOMO（Documentation and Conservation of buildings, sites and neighbourhoods of the Modern Movement）」の日本支部。九八年に活動を開始した。国内の近代建築リストを整備しながら、展覧会や見学会、シンポジウムなどを行なっている。

く」というイメージがあります。そして、いちどその場にできてしまえば、その場所にあり続ける存在です。槇さんと同年代の建築家の林昌二さんは、かつて、「ある建築を建てることは、他の可能性をぜんぶ排除して、その場所を長い時間にわたって支配することに等しい」と指摘しておられました。

いま言われた点で、建築とアート作品は大きく異なります。建築は駄作と見なされたものでも、どこかへしまっておくということができません。もちろん、芸術性があるに越したことはありませんが(笑)、私たちは、要するによその人のお金を使ってものをつくっていて、施主に対する責任がまず存在します。そして、それを使用する人たちが本当にその建築を享受してくれるかどうか、より広い社会に対しても、責任を負っています。

施主と社会の両方に責任をもたなければならないのが建築であるのに対して、アートはあくまで自己責任です。それゆえの魅力と可能性をもつわけですが、建築をアートにシフトする考え方は、下手をすると詭弁になってしまいます。

――八〇年代、日本ではアイロニーやアンチテーゼを表現したポスト・モダニズムの建築が多くつくられましたが、そのほとんどは消滅してしまいました。

ある時間を経てもなお、そうした建築が社会性を獲得することは難しい。建築をつくるというのは、あくまでプラスというか、肯定の球を投げ続ける行為ではないかと思います。

同感です。ポストモダンの精神には、歴史への言及ということに加えて、モダニズムに対するアイロニー、あるいは、これまで美の基準からは蔑まれていたようなものをあえてアートにする、そうした挑戦が含まれていたと思います。

しかし、フィリップ・ジョンソン[*18]がかつて激賞した、マイケル・グレイヴス[*19]設計のポートランド・ビル(一九八二年竣工)を最近訪れる機会があったのですが、建物にあまり語りかけてくるものを感じませんでした。下から見上げるとパターンだけが浮びあがって、沈黙した廃墟のように見えました。他にも幾つかそうした建築に巡り合いましたが、模型や設計図の段階では好意的に解釈できるものでも、実際に使われると、それほど鑑賞の寿命が長くないものがあります。

建築を本当に評価できるようになるには、やはり時の審判をまつほかないのです。建ったあとで、社会性を獲得していく建築と、そうでないものとに分かれる。先述した坂倉さんのパリ万博日本館は、一九三七年竣工ですから、確信をもってすばらしいものだといえますが。新しい建築の評判を絶えず気にするよりも、四半世紀の歴史をもつ建築についての議論を始める、そういう心持ちでいるほうがよいという場合もあるのです。

＊18　フィリップ・ジョンソン／I章＊22参照。

＊19　マイケル・グレイヴス：Michael Graves(一九三四―二〇一五)／アメリカの建築家。ハーヴァード大学建築学科修士課程修了ののち、ローマのアメリカン・アカデミーで学ぶ。白を基調とした抽象的な表現の住宅設計で脚光を浴びた「ニューヨーク・ファイヴ」の一員で、後年はポストモダン建築の代表的建築家として注目される。作品にハンスルマン邸、ヒューマナ・ビルほか。

空間に歓びを感じるか

――議論がなかなか成立しづらくなっている状況というのは、社会全体にも敷衍していえることですね。建築と社会とのコミュニケーションの可能性についてはどうお考えですか。

松隈さんもご存じのように、古代ローマのヴィトルヴィウス[＊20]は、建築における最も重要な価値を〈Utilitas〉〈Firmitas〉〈Venustas〉と定義しました。私が学生の頃、それは、「用・強・美」と訳されて教えられていました。近年、この最後の〈Venustas〉を「美」とすることにヨーロッパのある学者が異議を唱え、ヴィトルヴィウスが本来意味したのは、「美」ではなく「歓び」ではないか、と主張したそうです。

この歓びは、建築家と人びととを結びつける一つの接点になる概念だと思います。美の基準は時代や地域の文化によって、あるいは個人の趣味においてすら移りかわるけれども、歓びは、より根源的な指標となりますね。私は、結局、〈Venustas〉には歓びと美の両方が含まれていると思っています。歓びが昇華されると美になるし、美は時に人びとに歓びを与える。

そのなかで大事なのは、どちらかというと建築の姿は、美の評価へとつながっていく。一方の歓びは、空間が与える場合が多い。土着の建築は「用・強」を重視し

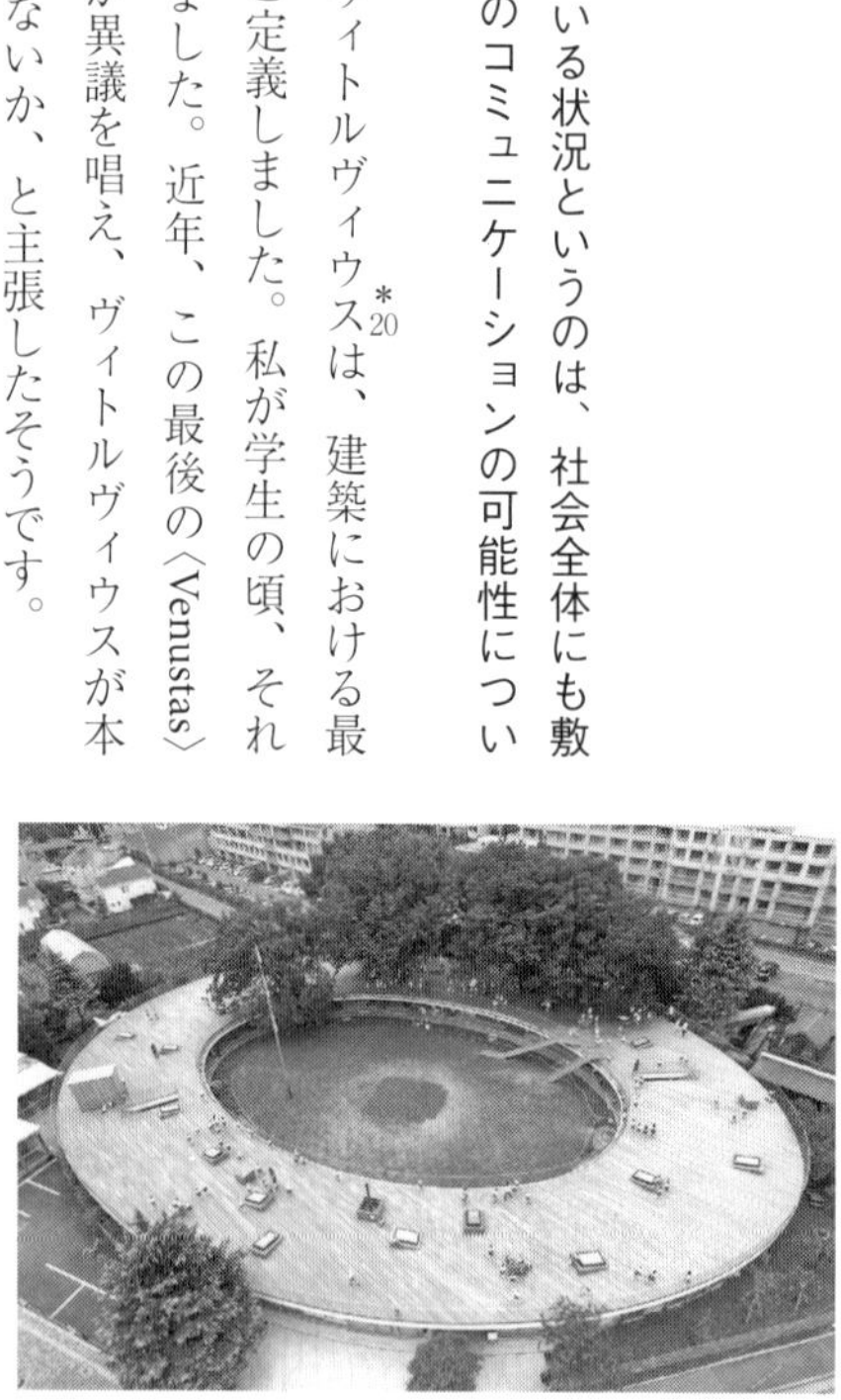

V-3　ふじようちえん

＊20　ヴィトルヴィウス：Marcus Vitruvius Pollio／前一世紀のローマの建築家。アウグストゥス帝に仕えた。著書「建築書」は現存するヨーロッパ最古の建築理論書とされる。ルネサンスの建築家に大きな影響を与えた。

て、「美」を最優先には考えていませんでした。でも、「歓び」を与えるものは古くから存在したのではないでしょうか。現代の建築を見ていても、私が興味をひかれるのは、美しさというより歓びを感じるものです。

最近では、手塚貴晴さん、由比さん（手塚建築研究所[*21]）によるふじようちえん（東京都立川市・二〇〇七年竣工）はおもしろいと思いました。

——ふじようちえんは、ウッドデッキの屋上が有名ですね。遊具も何もない楕円形のデッキを、子どもたちが夢中になってずっと走り回っているそうです。

私たち建築家にとって、あるいはそうでない人にとっても、作品から何を感じるか、そこで歓びを感じるか、その空間のなかでわき上がる素直なリアクションが、最も大事なものではないかと思います。

人間のふるまいと空間の関係がどんなふうになっているか。それは若い建築家たちも興味をもたなければいけない問題だし、そこから建築を考えていくことができると思います。まさに、「建築から都市を、都市から建築を考える」ための土壌となる意識です。

私は、小さくて、かつ広い空間が好きです。何度か訪れる機会を得た吉村順三[*22]さん設計の軽井沢の山荘（一九六二年竣工）は、この意味できわめて印象的なものでした。吉村さんはあまり雄弁な作家ではありませんが、できたものから受ける感動がそのことで損なわれるわけではない。豊かな空間、好ましい空間は形態とちがって、

＊21　手塚建築研究所／建築家の手塚貴晴（一九六四―）と手塚由比（一九六九―）が一九九四年に設立した共同設計事務所。作品に副島病院、越後松之山「森の学校」キョロロほか。

＊22　吉村順三／I章＊9参照。

V-4　軽井沢の山荘

視覚的・概念的に論理化しにくい。体験を通してしか説明できない面があるのです。あるいは、空間には論理や視覚を越えて、必ず触覚性というのがあると思います。つまり五感で体験する。たとえ外観にアルミやガラスを使っていても、なかに入るとあたたかい。そういうことは常に意識して仕事をしています。

だからこそ「空間」について考えてゆくことが大事で、都市のなかで、いかに広場や道のような外部空間が、内部空間と同じように歓びを与えるものでありえるか。これまでの経験からしても、そうした発想が、都市をよくしていくのではないかと思います。「建築」といった瞬間に、その外部と内部が分かれてしまいますが、都市空間は、両方があって初めて成立するものです。

メザニンのある広場

現代がエキサイティングな時代でもあると感じるのは、「大海原」であるからこそ、ゼロからの発想と対話が可能になるからです。一隻の船が消失し、大海原だけ存在する状況は、いい換えれば、西欧中心のモダニズムも消失したということです。「何でもあり」の時代とは、今までになかったものが出現する可能性も示唆しています。先ほどの続きでいえば、私たちは、都市は建築でつくられていると常識的に思っていますが、むしろ広場を基本に考えてもよいのではないか。広場だって、メザニン(二つの階にまたがる形状)があっていいし、丘があってもいい。たとえば十字形の広場のように、真ん中に焦点があって、四方からやってきた人たちが中央まで来たときに、空間の大きな広がりに気づく——そういうしかけもあり得るでしょう。

私たちは、「アナザー・ユートピア」、もう一つのユートピアという言葉を使って、いま、広場を核にした都市のあり方を考えています。建築は多くの場合、建物の一部だけ、それもかぎられた時間のなかでしか共有することができません。しかし歩道も含めた広場空間は一年中、二四時間、人びとが共用・共有できる空間なのです。だから不測の災害時にも強い。

そうやって広場から出発すれば、次第に、どのような建築群を周りにつくったらよいかという発想にもつながっていくでしょう。おそらく民主的な都市とは、市民の意見が通りやすいものなのです。人びとがアイディアを出し合って、広場をつくっていくことから、都市のあり方が変わってゆくと思います。

——建築と都市との関係が違って見えてきそうですね。

もう一度、外部空間、広場のもっている意味を、歴史的に見つめなおし、これからの時代にどんな創作があり得るのか、考えていくつもりです。

最初に述べた路上からの問いかけには、切実なものを感じました。これからも建築家たちは、大海原でひとり泳いでいかなければならない。多様な価値軸が浮遊するところへ個人がポツンと放り出されているような現象は、日本社会の様ざまな場面で見られるのかもしれません。でも、一人でいることとすなわち孤独ではないし、むしろ、それは自由であることを意味しているはずです。

モダニズム建築は、建築家を自由にするものでした。一人の自由と向き合っていけば、モダニズム建築の深化もまた見えていくはずだと思っています。

——モダニズム建築は長い時間をかけて、人がたのしく、自由でいられるパブリックな空間の可能性を切り拓いてきました。今後はどうやってそれを育てていくのか。大きなテーマが見えてきたように思います。

どうもありがとうございました。

人間が「建築をする」ということ

槇　文彦

この稿は五回にわたる松隈さんとの対話のなかで言いきれなかったこと、あるいはそこで触れた事柄をあらためて総括するという二つの課題を軸に書きあげたものである。

それは「漂うモダニズム」（『漂うモダニズム』所収）がそうであったように、若い建築家たちからの「これからどうするか？」との問いに対する、私なりの考えを述べている。

1　都市のＤＮＡとは何なのか

都市を理解するうえで重要なのは、建築家、都市計画家などたんに専門家だけでなく、一般の市民と共有し得るイメージをもつことではないか。その一つが、ちょうどどの人間もＤＮＡをもつように、それぞれの都市にも固有に存在するＤＮＡを理解することであろう。そのなかで、多くの日本の都市が共通にもつＤＮＡとは何かについて、少し述べてみたい。

都市とは時間をかけて築かれた、その国、あるいはその地域の文化の総体である。したがって視覚的な印象だけから議論すべきではない。視覚的な印象の背後にある文化の様相を問題にしなければならない。

私はすでに「漂うモダニズム」で、日本の自然、あるいは言語の特質について指摘してきた。自然についていうならば、日本では自然と平坦な土地とが接するところに、多様な人間環境が発生してきた。その多くは、「里山」などといわれるように、自然と生活の協調が絶えず試みられ、実現してきた地域である。神の座も、山の中のお宮(「奥宮」)、山のふもとの「里宮」、あるいは春秋のあいだ農耕の仕事を見守ってくれる「田宮」というふうに、季節に応じて移動する。こうした例は他の文化ではみられない。

一方、言語についていえば、仮名と漢字の併用という独特の表現方法によって、恐らく他の言語と比較したとき、よりきめの細かい微妙な言い回し、表現を可能にし、それ自体が日本人の気質の形成に深く関与してきた。曖昧さに対する寛容、理性と感性のバランス感覚の発達等をそこから見出すことができる。

それらは、これから述べる都市の現象面における特質の背後にある、注目すべき文化的様相なのである。

もちろん都市は負のＤＮＡをもち続けたり、またその優れたＤＮＡが時とともに消滅したりすることもある。しかし、この一年のあいだに私が訪問する機会のあったアジア、ヨーロッパ、あるいは北米の様ざまな都市での経験と比較すると、日本の都市、たとえば東京は世界の代表的なメガロポリスでありながら、〝穏やかさ〟をもった都市であるという認識がきわめて強くなっている。

タクシーを例にとってみよう。夕刻遅くデリー空港に着き、そこから車で都心に向かう。都心から離れたところでは格段と道路の停車信号が少ないせいか、絶え間ない車のホーンの叫び、バイク、リキシャとそこを横断しようとする無数の歩行者とのせめぎ合い。車に乗っているだけで疲れてしまう。ジャカルタはもっとひどい。ラッシュアワー時、空港から都心までいつ車で到着できるかの保証がない。大量交通機関がほとんど欠落しているこの都市では、何時に目的地に行かれるのか、約束ができないということだ。

また先日、ニューヨークでもWTCサイトから中心部のホテルまで一時間半を要した。初めての経験であった。私のパリの常宿、ルーブルに近いウェスティン（以前はインターコンチネンタルといっていた）もそこを出入りする人びとの慌しさに、中庭を囲んだこのホテルのかつての落着きはまったく感じられない。建物の姿は昔と同じでも、その場所が醸し出すアンビアンスが変わってしまっているのだ。世界の大都市が様ざまなレベルで落着きを失いつつあるなか、東京の穏やかさはこれからも保持していきたい貴重なDNAなのである。

もう一つ、日本の都市のDNAには〝きめの細やかさ〟があるのではないだろうか。私は東京を「細粒都市」と名付けた。その起源は江戸末期から明治初頭に始まった大都市東京への人口集中、地域の高密度化にともなう都市形態の変化に見出すことができる。

図1に見られるように、広大な武家屋敷は奥に向かって細分化されていった。町人町も路地というかたちで同様に細分化が進行した。一九世紀のパリ、ベルリン、ウィーンの壮麗な都市美に接して、驚愕し、敬意を表しながら、当時の日本人たちは日本的な町づくりを進めた。そこではヨーロッパ的街区の形成はほとんど見られなかったが、鉄道の普及と進歩は目覚ましかった。これまで述べてきたように現在の東京の骨格は山手線、中央線の整備でほぼ完成し、その後環状線内では地下鉄、外では郊外電車の拡充によって、比類のない濃密な公共輸送機関のネットワークが

つくられたのである（図2）。正確さ、安全性、清潔さなど高度のサービスも同時に。同じ一九世紀のパリで、ナポレオン三世の統治のもとオスマン[*1]が完成させた都市像の中核は、焦点と視線のネットワーク、そしてモニュメンタルな場所であったこととと比較してみるとおもしろい。江戸では高地に場所としての格が与えられ、低地の格は低かった。山手線、中央線は土地価格の低い低地、谷間を最大限利用して敷

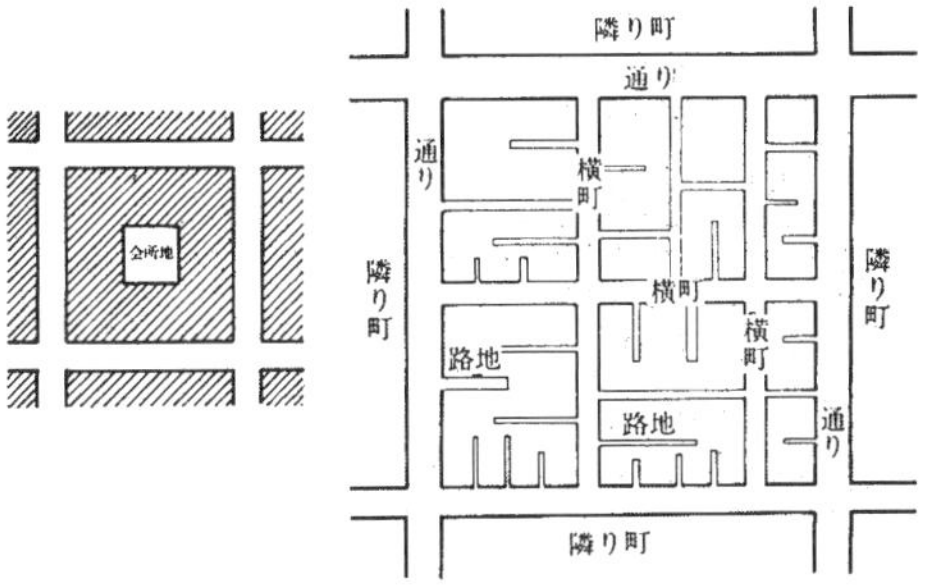

図1　武家屋敷・町人町のみち

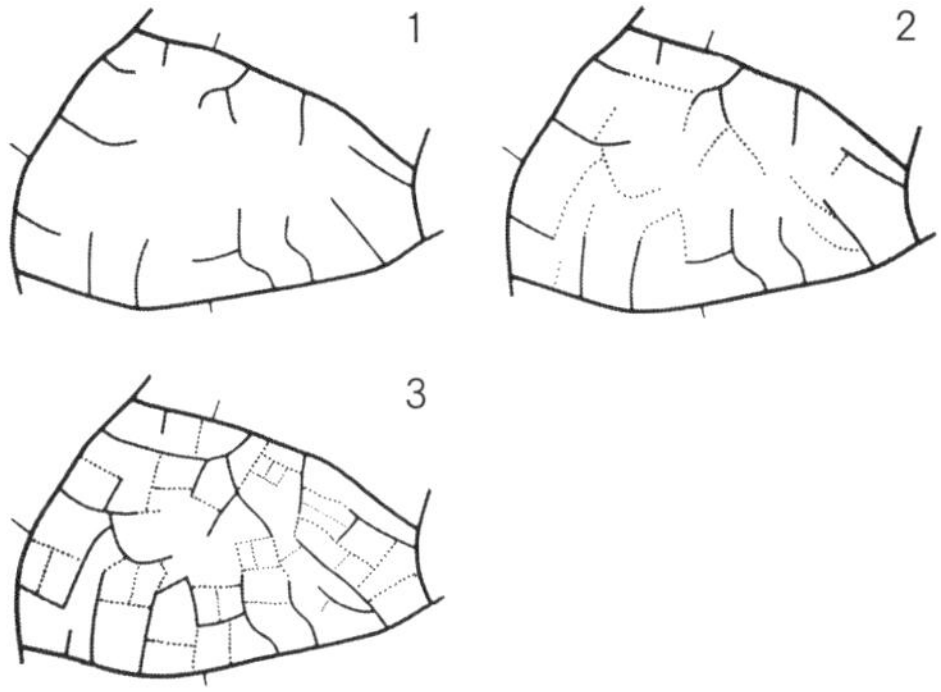

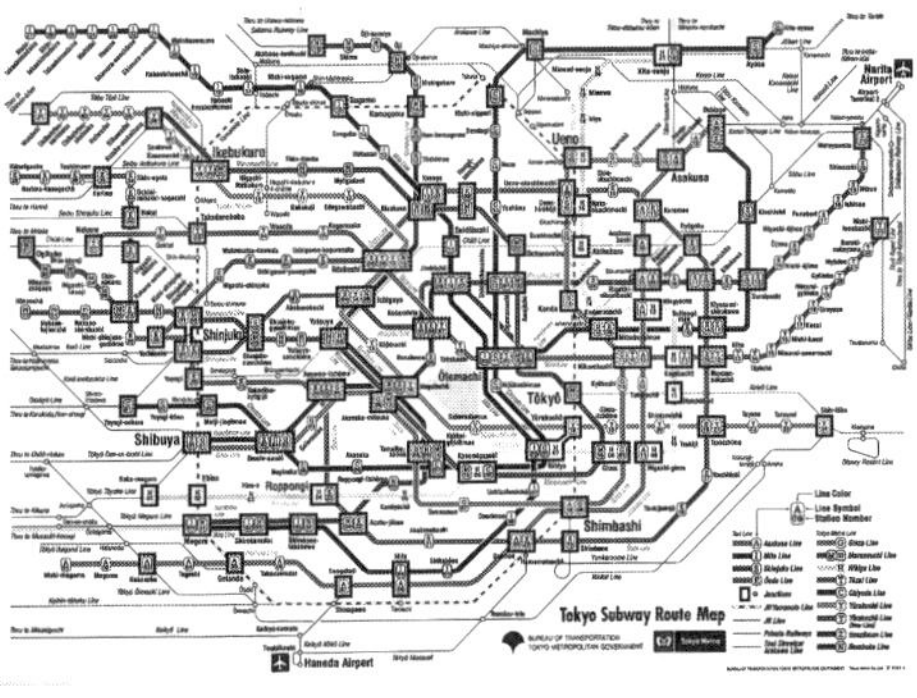

図2　東京の地下鉄網

＊1　オスマン：Georges Eugène Haussmann（一八〇九―一八九一）／フランスの財務官、都市計画家。ナポレオン三世の下でパリの改造を遂行。多数の広場の整理、オペラ座をはじめとする公共建築の工事、また上下水道、橋梁、並木街路の整備を行なった。

設された。美意識を中心に形成された都市と利便性を課題としてつくられた都市のきわめて興味深い対比がそこにある。

東京のように明治初期から細分化された都市の生活、活動網は、のちに大規模開発された地域を除けば、そのまま細粒都市網として存続し、その多くが生活の呼吸源として現在も機能している。

ふつう都市景観とは好ましい形態上の秩序をもった建築群が長期にわたって存在する状態を指している。しかし都市が細粒化すればするほど、その建築群もまたヘテロなものの集合にならざるを得なくなる。つまり、必ずしも都市景観における均質性はさほど重要な目的ではなくなるのだ。視覚的な秩序が、見る者の感性の満足度で測られるならば、ここでは巨視的な秩序感はその重要性が後退し、むしろ微視的秩序感が拡充されなければならないことになる。つまり限定された空間におけるコクのある建物、あるいは外部空間の形成が、後述するように、人びとに歓びを与えることとなる。

Ⅲ章で取り上げたヒルサイドテラスは、こうした細粒都市東京が生んだ一つのモデルといえるだろう。

広井良典は『コミュニティを問いなおす』(ちくま新書、二〇〇九年)で、日本の稲作を中心とした農村社会の小集団のなかで形成された人びとの関係性のあり方として、和辻哲郎の『風土』に言及しながら、「思いやり」「控え目」「いたわり」といった振る舞い、あるいは心遣いが発達したと述べている。長期にわたって農村から人口が流入したり、あるいは参勤交代制を通じて農村のＤＮＡが大都会でも培われたりして、それらのメンタリティが長期にわたって江戸で維持されていったことは想像に難くない。

Ⅳ章で触れた『日本の都市から学ぶこと』では、名古屋市の典型的な大街区の都市形態を分析している（図３）。これは東京にもよく当てはまるケースで、広い道路に面した容積率[*2]の高い帯状の一帯に高層建築が並んでいるが、容積率規制によって、その内側の狭い道路に面する一帯は低層の建物の地域が広がっている。このように、表の動に対して裏の静ともいえる様相が日本の都市では多く存在している。町全体の穏やかさは、こうした〝一歩入れば〟という静の空間への近接感に帰するところが大きい。

事実、我われが都会の真只中で散歩するとき、この静の空間を選んでルートを決める場合がきわめて多い。つまり動の空間は静の空間のあいだの繋ぎとして横切るだけの経験をすればよいところも多い。静・動空間の繰返しは変化の多い散歩体験をつくりあげる。といえば、最初に触れた江戸時代の町人町における路地の内部空間への浸透は、こうした大街区の背後にあった日本的な都市のモフォロジーであったことにも気が付く。

「奥」もまた、日本特有の空間の存在である。「日本の都市空間と「奥」」を発表

＊2　容積率／Ⅲ章＊1参照。

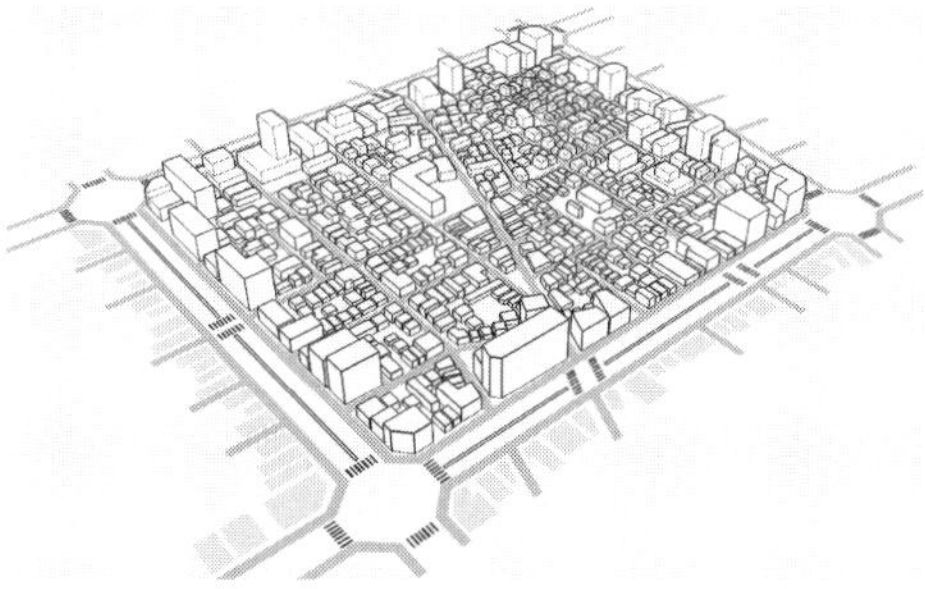

図３　大街区のモデル化

したのも、まさに図1（一三一頁）の、武家屋敷地区の奥へ浸透する小道の観察によるところが大きい。それだけに東京の埋立て地によく見られるような、広い道路に高層ビルが並ぶ一帯を歩いても、もはやそこからトウキョウのＤＮＡを感じることはできない。

一方、都市の〝穏やかさ〟を維持するものとして、安全性も欠かせない。皆が知るように、非合理な突発事故を除けば、世界のメトロポリスのなかで、東京ほど安全なまちはない。そしてその例証にも事欠かない。ニューヨークで外出する際、旅行者である我われは常にパスポートを持って出る。いつどこで身分証明書が必要となるかわからないからだ。ムンバイやデリーで四つ星、五つ星レベルのホテルに入るときは、まず乗っている車のトランクがゲートでチェックされ、客はホテルの入口で携帯物の検査を受ける。まるで空港ターミナル並である。

Ⅱ章で紹介した北千住の新しい東京電機大学のキャンパスはゲートも塀もない。周辺の住民が二四時間キャンパスを通り抜けることができる。安全だからである。そして、そこでは幼稚園児が大学のキャンパスで遊んでいるという微笑ましい光景に遭遇することもできる。

2　空間が都市と建築を繋げる

Ⅴ章ではヴィトルヴィウスのいう建築の三大原則、〈用・強・美〉について述べた。[*3] 都市でいえば、〈強〉とは日本では地震も含む自然災害に対する強さであり、〈用〉とは利便性、たとえば歩行距離内で必要な行為をなし得るか、約束した時間に人に会うことができるよう交通網が整備されているか、また先に述べた安全であるかどうかもこのなかに含んでよいだろう。

最後の〈Venustas〉が、じつは〈美〉ではなく〈歓び〉ではないか、というある識者の提言が近年多くの人びとによって同意されていることも紹介したが、もしも建築が歓びを与えるならば、都市の様ざまな様相が人びとに歓びを与えるであろうことは想像に難くない。

都市が人びとに与える歓びの中核をなすのは、市民の日常生活圏のなかで得る歓びであろう。なぜならば都市に住もうと、田舎に住もうと、人びとの毎日の生活のルーティンが、彼らの歓びの源泉にあるからである。日常的な生活の歓びが、非日常的な歓びと補足し合う。つまり予想、あるいは期待していたルーティンの行動をその日も無事終えたか否かが我われにとって最も重要で、旅行者が期待する非日常的体験の集積から得る快楽とは対照の位置にある。日常空間はできるだけ優しく、心地よいものでありたいというのが普通の人びとの願望なのではないだろうか。

細粒都市東京において、人びとの日常的な生活のなかで意識的、無意識的に歓びを与えられる場所とはどのようなところなのか。そうした空間の多くは、住民、建

＊3　ヴィトルヴィウス／Ⅴ章＊20参照。

築家達の小さな試みによってつくられる。その集積が、地域の空間に豊かさを与えている場合が多い。

私の事務所のあるヒルサイドウエストでは、図4(左)に見られるように、朝倉不動産が昔から所有していた住居は、旧山手通りの一つ裏側の低地の道路にのみ接していた。一九九〇年頃、旧山手通りに面し、もとの住宅地と数メートルの幅で接する敷地が彼らによって購入され、この二つの敷地を合併した計画の依頼があった。その結果として我われが実現したのは、図4(右)のように三つの分棟がパサージュと中庭によって接続しているプランであった。この室内部分は早朝から夜一〇時までは一般の人びとに開放されており、彼らは自由に通り抜けできる。そしてこのパサージュに面して二つの中層棟のオフィス、住居群に接続するエレベーター、階段室がおかれている。

このようなオープンプランニングは、たとえばアメリカの都市のようにセキュリティーを重視するところでは不可能である。日本の都市では、高級マンション以外は入口でのセキュリティーチェックが少ない。ヒルサイドウエストは完成後二〇年になるが、この通り抜けのシステムによって事故や事件は起きていない。それは、先ほど述べた都市の安全性の証左でもある。

このコンプレックスの地下にはレストランがあり、週末によくウェディングレセプションが行なわれる。図5のように、私の事務所のエントランスの前にある中庭

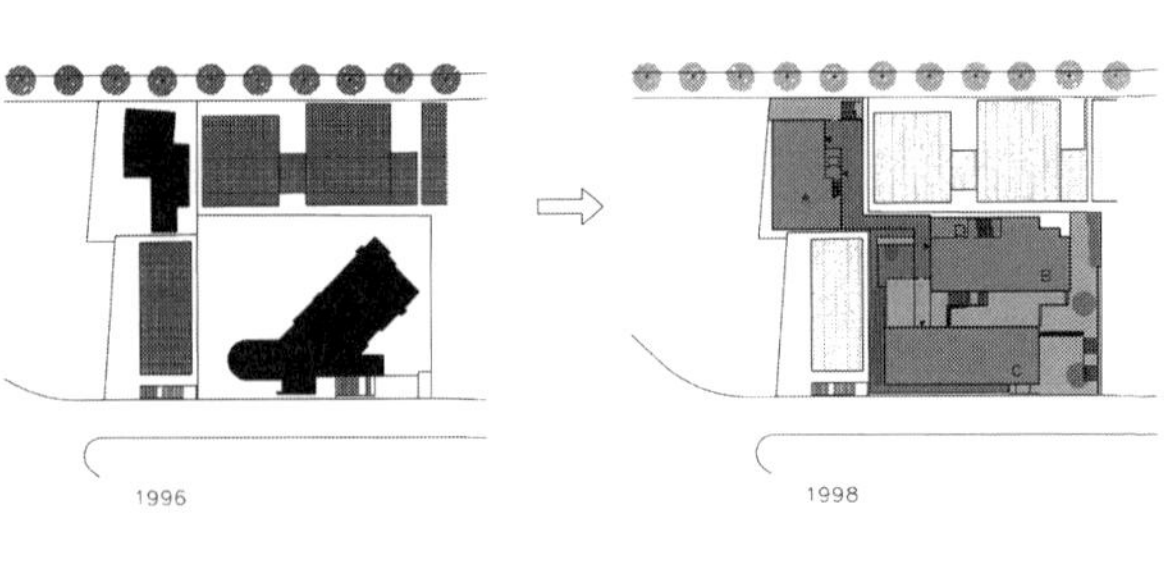

図4 ヒルサイドウエストのプラン

は、よく新郎新婦の記念撮影に利用されている。我われ設計者が考えもしなかった微笑ましい情景のひとコマである。それは彼らが一時獲得したささやかな都市空間でもあるのだ。

3　かたの存在について

都市と建築を繋げる要素として長い歴史をもち、現在もなお重要な役割を果たしているのが集合住宅である。ローマではすでに紀元二世紀に集合住宅が建設され、その後、あらゆる集合的な住み方が試され、実現してきた。これを一つの「かた」と称してよいだろう。組積造[*4]から発展したヨーロッパの住居の「かた」は、コンクリート素材が普及していっても、その大きな空間構成のあり方に決定的な変化をもたらすものではなかった。一方、日本の集団住居は町家や長屋に見られるように基本的に一層、木造であり、近代化のなかで素材、生活のスタイルの変化も含めて大きな変革に直面せざるを得なかった。戦後の公共住居のたとえば2LDKは一つの時代を象徴する日本独特の「かた」であったといってよいだろう。

私はスイス、オーストリア、あるいはドイツ、フランスの各都市で多くの集合住宅を見てきたが、そのなかで最も強い印象をうけた集合住宅の一つは、ジュネーブで訪れた七、八層の建物であった(図6)。その特徴は、四角に囲まれた中庭である。

＊4　組積造／煉瓦・石・コンクリートブロックなど塊状の材を積み重ねてつくられた構造。

図5　ヒルサイドテラスの中庭

この中庭は車のアプローチでもあり、そこに住人たちが憩いの外部空間をつくっている。その囲いの外壁は、そのまま街区を形成している。

海外では、都市によってそのスケールは異なるが、それぞれ受け継がれてきた基本的な「かた」は変わっていないことが多い。

一九八〇年代以降につくられてきた幕張ベイタウンは、こうした「かた」の継承に成功している、日本における数少ない例の一つである(図7)。この「かた」が示唆するのは、住居の「かた」が要求する街区のスケールも重要であるということである。換言すれば、集合住宅を中心とした地域計画では、理想的な建築の「かた」の集合が要求する、街路計画が同時にあるべきである。すなわち都市と建築は、同時に計画されることが望ましい。

次の「かた」は現在の我われの建築にも重要なヒントを与えてくれるものの一例である。

ギリシャの都市国家の典型的な一般市民の住居は、図8に見られるように道路に面する接点、すなわち敷居を除けば外部に開かれることなく、中央に設けられた内庭に内部空間のすべての視線が集まり、建築の機能もその内庭を中心に考えられていた。時にそこは家族の葬祭も行なわれたという。私も大分県中津市の風の丘葬斎場(一九九七年)の設計では、水と空だけの、人が出ることのない視線の焦点としての中庭をつくり、全体の空間構成の核としている。

図6 ジュネーブの住宅

図7 幕張ベイタウンのプラン

さらに二〇一四年カナダのトロント市に完成したアガ・カーン美術館は、図9に見られるように建物の中央に中庭が設けられ、そこにこの美術館の機能——たとえばギャラリー、レストラン、インフォメーションカウンター、オーディトリウム、子どもたちの教室まで——すべてが等位に囲んでいる。美術館の料金はそれぞれのギャラリー、イベントのあるときのオーディトリウムの入口でのみ支払われる。したがって、この美術館を訪れる人びとは、誰でもこの中庭と、それを囲む「リン

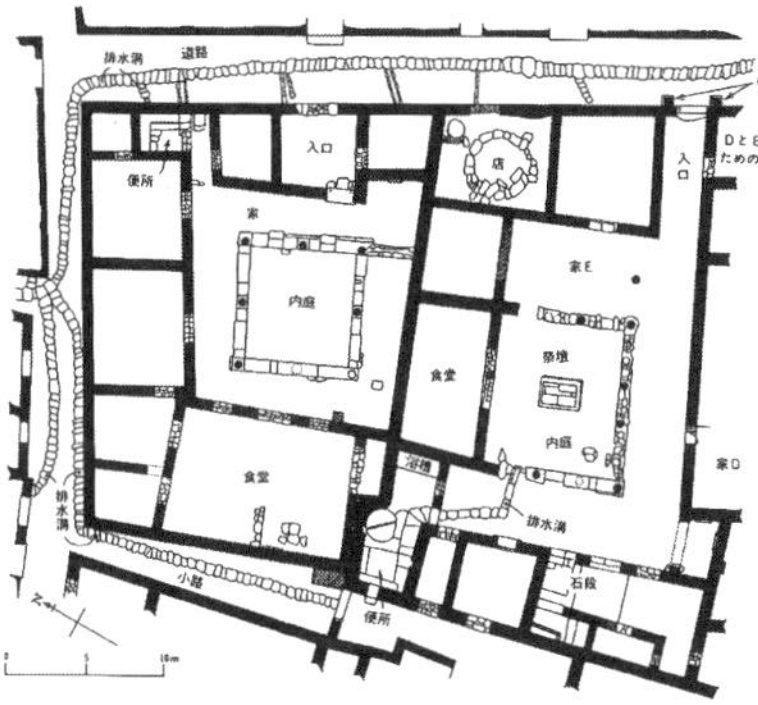

図8　デロス第二街区の住宅

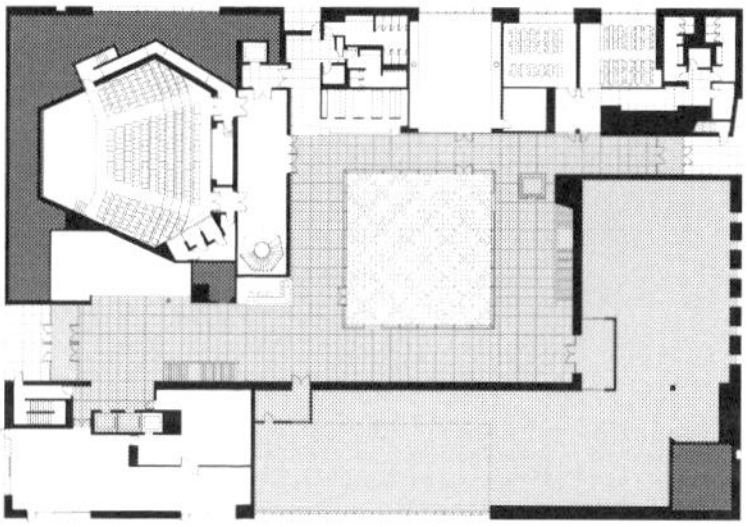
図9　アガ・カーン美術館一階のプラン

図10　アガ・カーン美術館の中庭を囲む空間

グ」と称する空間におかれた椅子とテーブルにたむろし、お茶を飲みながら歓談することができる。そして中庭は時にエキシビション、あるいはパフォーマンスにも使用される。それはさきに述べた古代ギリシャの住居のように、すべての美術館活動の核であり、視線の集まるところなのである(図10)。

空間と人間の振る舞いの歴史のなかから、「かた」があるいは「かた」のパターンランゲージが生まれてくる。そのパターンランゲージのなかには、今もあまり変わらないものがたくさんあるのではないか。特に子どもに歓びを与える空間、あるいは物象は古今東西あまり変わらない。私が子どものとき、新鮮に感じた土浦邸の中二階も、旧帝国ホテルの内部空間に対して抱いたミステリアスな印象も、その例として挙げられてよいであろう。

このようにグローバルなスケールで、現在生きている人間が好ましいと思う空間をそれぞれ集め、整理してパターンランゲージとしてのマニュアルをつくることはきわめて意義があるのではないだろうか。

4　潜在する情景

一九九九年に始まり、二〇一三年まで八回にわたって行なわれた「代官山インスタレーション」は、代官山を中心とする地域で開催された初めての都市・野外芸術展として注目を集めた。その審査員を務めた私にとって、数々の入選作品のうち最も印象に残ったのが、二〇〇五年のグランプリ「代官山リビング」である。同潤会代官山アパートの跡地が再開発によって高層アパートに衣替えされることとなり、その一連の工事において代官山駅と八幡通りを結ぶ新しい道路がつくられ、その中央に長さ一〇〇メートルの中央分離帯が設けられた。そこに仕掛けたインスタレーションである（図11）。

作者はこの作品を「まちのなかのリビング」といっているが、長い普通のテーブルを置くことによって、そこに日常的な生活シーンが想像されるであろうと説明している。確かにそうだろう。私は、その長いテーブルからさらに宴会のシーンを連想する。ベネチアの仮面のバンケットである。皆が白いマスクを被り、夕方から大宴会を開催するシーン。それは私の好きなフェデリコ・フェリーニのローマの映画に出てきてもいいような光景である。日常生活のなかの非日常性。そうした情景を人びとに連想させるパワーをこのインスタレーションはもっている。都市には、人びとの記憶に永久に留まる情景が常に潜在し得ることを示唆しているのだ。

5　記憶と経験の宝庫としての時

近代建築史を分析したジークフリート・ギーディオン[*5]の有名な著書に *Space, Time*

＊5　ジークフリート・ギーディオン／I章＊24参照。

図11　インスタレーション「代官山リビング」

and Architecture がある。それに対し私のスペース、タイム アンド アーキテクチャーのエッセンスは次の宣言に集約されている。

空間と建築

1　空間には外部と内部の差は存在しない
2　空間は機能を包括し、かつ刺激する
3　空間が人間に歓びを与える

時と建築

1　時とは記憶と経験の宝庫である
2　時は都市と建築の調停者である
3　時が建築の最終審判者である

空間についてはすでに細かい論考を重ねてきたので繰返さない。もう一度都市と建築を同じ眼差しをもって同一空間として見直そうということである。家は小さな都市、都市は大きな家なのである。

時が都市と建築の調停者であることは、四半世紀にわたるヒルサイドテラスの経験が雄弁に物語っている。時の示唆によって多様な建築、空間の「かた」がそこからは生まれた。

そして時が建築の最終審判者である。それぞれの建築の社会性の有無、あるいはその差は、時のみが宣告し得ることに異論はないだろう。

新国立競技場案を最初に批判した、二〇一三年のエッセイ「新国立競技場案を神宮外苑の歴史的文脈の中で考える」の冒頭で、私は次のように述べている。

> 誰もが人生の中で様々な出会いを持つ。或るものの出会いは強く印象に残り、他は忘却の彼方に消え去っていく。建築家の私も建築にかかわった中だけでも、様々な出会いに遭遇してきた。場所、道路、人、そして建築にまつわる事件……それらの多くは極めて離れた空間と時間の中の出来事であり、それぞれが私の記憶の室《ムロ》に収められている。しかし、何か一つの出来事が起きた時、それまで一見関係がなかったような記憶が室《ムロ》から引き出され、お互いに関連した一つの思考の世界を形づくっていく

半世紀の時の流れのなかの東京、アテネ、フローニンゲン、バーゼル、ふたたび東京そしてマサチューセッツ……。またそして古い江戸の歴史から大正初期へ。時もまた揺れ動いていく。

「建築をする」ということは、一人の人間にとって時に意識的に、あるいは無意

識のうちに、様ざまな経験、事象との出会いを濃密な自己のネットワークに組み込んでゆく作業をも意味しているのではないだろうか。いかに不合理、非合理の世界に囲まれていても、自己のネットワークの形成は、まったくその人にとって自由なのだ。

自由であるがゆえに、その内容の組み替えもやはり自由である。したがって建築家にとって「建築をする」ことの本質は、自分で一つの世界をつくりだすことであり、それはまた時とともに育てていくものなのだ。

私は信念という言葉に対してはいささか懐疑的である。それはあまりにも自己の自由を拘束してしまうからである。「建築をする」ということは、デザインにとりかかり、図面を書くということだけではない。誰にも侵されないその自由の世界は、病床にふせていようと、仕事から隠退していようと、あるいは建築を始めてから五年しか経っていなかろうと自分の子どもみたいなものなのだ。いちど建築を志し、建築を愛する者にとっては。

先に述べた新国立競技場のエッセイも、そうした世界が自分のなかにあったからこそ、生まれたものといってよいだろう。

普遍性と倫理
――槇文彦がパブリック・スペースに求めてきたもの

松隈　洋

はじめに、本書が生まれる一つのきっかけとなった新国立競技場問題の経緯を書き記しておきたい。

それは唐突な形で始まった。二〇一二年七月二一日、甚大な被害をもたらした二〇一一年三月一一日の東日本大震災から一年四カ月余り。当時の日本は、今以上に、復興への道筋が定まらず、破局的事態を招いた福島第一原子力発電所事故の収拾の見通しも立たない状況に置かれていた。

そんななか、新聞各紙に、ある全面広告が掲載された。スタンド席だけでなくトラックやフィールドにもひしめく観衆が描き込まれた国立競技場の航空写真の上に、「「いちばん」をつくろう。」という見出しと、「あたらしい国立競技場　国際デザイン・コンクール、スタート。」と書かれた日本スポーツ振興センターによるものだった。おそらく、この時点でのちに顕在化する問題点を正確に理解していた人間はほとんどいなかっただろう。

有償で配付された「新国立競技場基本構想国際デザイン競技募集要項」を取り寄せて読み込み、建設計画の根本的な危うさを把握できた建築関係者はさらに少なかったと思われる。応募資格が「国際的な建築賞の受賞経験を有する者」、または「収容定員一・五万人以上のスタジアム」の「設計の実績を有する者」と明記され、きわめて参加者の限定されたコンペだったからである。延床面積約二九万平方メートルという巨大な規模にもかかわらず、募集要項上の計画対象範囲は白く塗りつぶされて、敷地図に既存建物は描かれていない。歴史的背景についての説明もなかった。建設予定地である明治神宮外苑一帯は、日本で最初の風致地区[*1]として建物の高さが一五メートル以下に厳しく制限されていたが、それを大幅に超える七〇メートルという計画建物の許容高さが示されただけで、既存法規の取り扱いについても触れられていなかった。

こうして新国立競技場の建設計画は、人びとのほとんど知らないなかで、危険を孕みながら進行したのである。この新聞発表から四カ月後の一一月一六日、最優秀案が発表され、近未来的な造形に注目が集まった。それでも、二〇一三年九月七日に二〇二〇年のオリンピック・パラリンピック開催都市として東京招致が決定され

＊1　風致地区／I章＊2参照。

るまで、建設計画の問題点が指摘されることは筆者の知るかぎりほとんどなかった。

槇文彦は、このような状況の下で、五輪招致決定直前の二〇一三年八月一五日に発行された日本建築家協会の機関誌に、「新国立競技場案を神宮外苑の歴史的文脈の中で考える」と題した長文のエッセイを寄稿する（『JIA MAGAZINE』二〇一三年八月号）。槇は、計画地に隣接する敷地に東京体育館（一九九〇年）の設計を手がけた経験から、明治神宮外苑の「濃密な歴史を持つ風致地区に何故このような巨大な施設をつくらなければならないのか、その倫理性」を問うと呼びかけ、計画決定プロセスの不透明性やオリンピック後の施設維持費への疑問も指摘したのである。槇は、コンペへの参加もそれなりに打診されたという。おそらく、この時点で募集要項の内容を知り、その危うさに気づいたのだろう。

槇の主張は静かな共感と反響を呼び、招致が決定するとにわかに注目を集める。そして、九月二三日の『東京新聞』朝刊が「「神宮の森　美観壊す」――二〇年五輪　新国立競技場　巨大すぎる」の見出しとともに槇のインタビュー記事を一面で掲載し、一気に社会へと広まっていった。これに続いて多くの識者が声を上げ、建設計画の問題点が次々と明らかにされた。

その後、設計案がまとまっていないにもかかわらず、二〇一五年三月から国立競技場は解体されて姿を消してしまった。しかし、新国立競技場の建設工事の予算計上を確定する土壇場で、建設費が二五二〇億円に跳ね上がったことが報道され、あらためて政治問題化する。その結果、二〇一五年七月一七日、安倍晋三首相は、建設計画の「白紙撤回」を表明したのである。それは槇の問題提起と幅広い市民の運動が結実した成果といえるのだろう。だが、その行方は依然として不透明なままだ。そして、問題なのは、無謀な建設計画が専門家と市民による開かれた議論も経ずに決定され、そのプロセスがいまだにほとんど明らかにされていないことだ。一体、この巨大な施設規模をだれが決めたのだろうか。

もし槇の呼びかけがなかったら、新国立競技場の建設が「白紙撤回」に至る歯止めがかかっただろうか。そう考えた人間は少なくないだろう。そのことは、逆に、槇がなぜ、オリンピック招致に沸き立つ状況のなかで、その問題点を明晰な形で指摘できたのか、という問いを呼び寄せる。残念ながら、それは、日本の戦後建築界が建築の社会的な意味と共有すべき価値観を蓄積してこなかった現実を浮き彫りにしているのだと思う。また、これまで知られていた槇の建築家としての華やかな経歴と、クールで洗練された建築作品、そして温厚な人柄から、なぜ今回の問題に敢えて声を挙げ、これほど積極的な発言を続けたのか、その秘めた熱意と冷静な闘志に驚いた人も多かったに違いない。

本書でのインタビューに臨むにあたって抱いたのは、以上のような問題意識だった。また、そこには、槇を通して彼の歩んだ建築世界に分け入り、五〇年に及ぶ設計活動のなかで彼が出会った先人の建築家たちや目撃した世界の建築潮流について聞くことが、建築と社会の現在を理解する大きな手がかりを与えてくれるとの確信と期待もあった。

結果的には、槇にとっては自明であっても、彼の見識が、いかに豊かな世界を内包したものであるかを思い知らされることになった。それは彼自身の建築家としての経験から導き出されたものであり、また、多くの先人たちから直接受け継いだ、モダニズム建築のミッション（使命）を問いかける声も響いてくる。ここでは、そんな槇文彦の建築家としての軌跡を辿っておきたい。

1　建築家としての出発点に立つまで

一九二八年に東京の山手で生まれた槇の歩みをふり返るとき、そこには、半ば偶然の出会いに過ぎなかった小さな点がいつしか集まって太い線となり、それが次第に強く結びついて、気がつけば、最初からそうなることが必然だったような力強い絵柄が浮かび上がってくる。そして、その絵柄にこそ、槇の選び取った建築思想の普遍性と倫理が表現されている。

一九二八年は、前川國男[*2]がパリのル・コルビュジエ[*3]のアトリエに学ぶために一人フランスへとわたった年である。前川は二年間の修業を終えて帰国し、コルビュジエに学んだモダニズム建築の思想と方法を日本で実践し始める。そのアトリエで学

＊2　前川國男／Ⅰ章＊8参照。
＊3　ル・コルビュジエ／Ⅰ章＊18参照。

ホセ・ルイ・セルト（右端）と前川國男（中央）。ル・コルビュジエのアトリエで（一九二九年撮影）

ぶ同僚として前川が出会ったのがスペインからやってきたホセ・ルイ・セルト、二五年後の一九五三年に槇がハーヴァード大学で師事することになる建築家だった。

余談だが、前川の自邸の食堂にはセルトの顔写真が飾られていた。前川にとって生涯の友人だったのだろう。また、奇しくも二人の出会う年に生まれた槇が幼少期に出会った建築も、その生涯を決定づける意味をもっていた。フランク・ロイド・ライト[*4]の帝国ホテル(一九二三年)、ライトに学んだ土浦亀城[*5]の自邸(一九三五年)、そして、幼少期に通った谷口吉郎[*6]の慶應義塾幼稚舎(一九三七年)である。

槇は、ライトの豊饒な空間に遊び、土浦と谷口が現出させたハイカラなモダニズム建築の輝きを身体で感じ取ったのだろう。ちなみに、谷口吉郎は前川の東京帝国大学建築学科の親しい同級生であり、前川の卒業論文「大戦後の近代建築——ル・コルビュジエ論」は、谷口にとってル・コルビュジエの建築思想を読み解く手がかりとなる。槇は、後の一九六三年頃に谷口吉郎と出会い、その長男の谷口吉生とは現在まで続く長い親交を結んでいく。

だが、そんな幼少期の至福の建築体験も戦争によって中断され、工場動員された青年期の槇は、空襲に怯えながら、それでも直接の戦災を被ることなく、一七歳になる直前に敗戦を迎えた。そして建築家を志すことを決意し、一九四九年に東京大学建築学科に入学、丹下健三[*7]の研究室に所属する。当時は、この年の公開コンペで一等を獲得したばかりの広島ピースセンターの実施設計に丹下が精力的に取り組み

＊4　フランク・ロイド・ライト／I章＊5参照。
＊5　土浦亀城／I章＊4参照。
＊6　谷口吉郎／I章＊11参照。

＊7　丹下健三／I章＊1参照。

始めた時期にあたる。また、槇の同級生には、のちに丹下の右腕として香川県庁舎（一九五八年）や国立屋内総合競技場（一九六四年）の設計チーフとして活躍する神谷宏治[*8]や、今回の新国立競技場問題で建築の維持管理の立場から問題点を指摘した沖塩荘一郎（現・東京理科大学名誉教授）がおり、二年先輩には前川國男事務所で活躍することになる鬼頭梓がいた。余談だが、私自身、生前の鬼頭から、「僕の卒業設計は槇君が手伝ってくれたんだよ」と嬉しそうに話すのを聞いている。

一方、丹下は、槇が在学中の一九五一年、イギリスで開催された第八回のＣＩＡＭ[*9]（近代建築国際会議）に前川とともに招聘され、尊敬するル・コルビュジエやワルター・グロピウス[*10]ら中心メンバーと対面し、広島ピースセンターの計画案を発表する。Ⅱ章でも触れたようにこの会議では、「都市のコア」がテーマに掲げられ、都市のなかに人びとのよりどころとなる広場的な空間をつくることの重要性が話し合われた。その議長を務めたのが、一九三九年に渡米し、ブラジルやペルー、コロンビアなど南アメリカでの街づくりとアーバン・デザインに携わり、一九四七年にＣＩＡＭの議長に就任したセルトだった。

槇の建築家としての独自の立ち位置は、このようなモダニズム建築の先駆者たちが活発な議論を重ねていた最後の時期に遭遇し、その輪に加わった経験によって形成されていったに違いない。槇は、図らずも、モダニズム建築の中心圏へと導かれたことになる。そのことは、この一九五一年のＣＩＡＭの会議からわずか二年後の

＊8　神谷宏治／Ⅰ章＊21参照。
＊9　ＣＩＡＭ／Ⅰ章＊26参照。
＊10　ワルター・グロピウス／Ⅰ章＊23参照。

一九五三年に、憧れのハーヴァード大学大学院に留学した槇が、偶然にも同じ年に学部長に就任したばかりのセルトに学ぶ機会を得たことに象徴される。

一方、セルトにとって、この就任は、ル・コルビュジエとＣＩＡＭの思想をヨーロッパからアメリカへと移し換え、そのミッションの継続を自ら担うことを意味していた。こうした自覚があったからこそ、セルトは、一九五六年に、「アーバン・デザインとは何か」というテーマのシンポジウムをハーヴァード大学で開催したのだろう。槇は、このアーバン・デザインという新しい領域を切り拓く端緒となった歴史的なシンポジウムにも参加し、後の一九六一年に *The Death and Life of Great American Cities*（邦訳『アメリカ大都市の死と生』）を上梓するジェイン・ジェイコブズ[*11]が、会場からニューヨークの近隣地区の崩壊を危惧して熱烈な訴えをする姿にも接している。都市再開発のなかで何が起き、建築と都市に何が問われているのか、生々しい議論の現場を目撃することにもなったのである。そのときに受けた影響は、槇が一九六二年に日本の建築雑誌に寄せた文章に、「有機的なアーバンデザインとは一方の手で都市計画とつながり、他方の手で建築とつながる役割を果していかなければならない」（『新建築』一九六二年一〇月号）と記されていることにもあらわれている。

こうして、それぞれの出来事は太い線となり、槇の建築家としての骨格を形成する要素となっていく。また、一九五八年にはグラハム財団の特別研究員（フェロー）

＊11　ジェイン・ジェイコブズ／Ⅱ章＊4参照。

に選ばれ、一九五九年と一九六〇年に東南アジア、中近東、東欧圏を除くほとんどのヨーロッパ諸国をめぐる長い旅に出かけ、古今東西の著名な建築だけでなく、各地の集落を訪ね歩き、生活のなかで醸成された建築の歴史性と時間性の意味についても学んでいる。同時に、旅行準備中の一九五八年には日本に一時帰国し、一九六〇年の世界デザイン会議に提出される「群造形」の方法論を、前川國男の下にいた大高正人[*12]と構想する機会も得ている。さらに、一九六〇年には自ら設計を手がけた日本でのデビュー作となる名古屋大学豊田講堂を完成させていた。このとき、槇は三二歳の若さだった。

2　「都市性の増加」と測り得ないものの価値

それでは、一九五二年の渡米から帰国して事務所を開設する一九六五年まで、ほとんどの時間をアメリカで過ごすなかで、建築家として幸先の良いスタートを切った槇は、何を自らの指針として培っていったのだろうか。

セルトの下で学び、彼の事務所で働きながら加わったアーバン・デザインの議論、また様ざまな建築家との出会いを通して、槇は、何よりも都市が人びとに与えている恩恵の意味を日々感じ取っていったのだと思う。同時に、自らも享受する都市空間の心地よさと、建築家の設計行為をどのように結び付けていけば良いのか、都市

＊12　大高正人／Ⅰ章＊28参照。

と建築をつなぐ幅広い視点を獲得していったに違いない。その理解は、ワシントン大学とハーヴァード大学の助教授としてアーバン・デザインを学生たちに教える機会を得るなかで、さらに深化していったのだろう。そのような視点は、残念ながら、高度経済成長の下で都市の近代化を性急に推し進め、単体の建築の造形表現を競い合っていた当時の日本の建築界には欠落していた。歴史の偶然は、都市から建築の意味を考える貴重な時間を槇に与えたことになる。

槇は、一九五六年の第一〇回大会を経て一九五九年に活動を休止したＣＩＡＭに代わり、アーバン・デザインを議論する場となった南フランスでのチームＸ《テン》の会議にも参加している。その報告レポートのなかで、槇は、チームＸの主要メンバーであるオランダの建築家アルド・ファン・アイク[＊13]が個人的に語りかけた次のような発言を書き留めていた(「一九六〇年ＴＥＡＭ—Ｘの会議に出席して」『新建築』一九六一年二月号)。

> 今日われわれの町づくりの方法は次の二点において昔とまったく異なっているのではなかろうか。第一に、今日ほど建築家がその全体の地域計画から、最後のドアーステップにいたるまでのデザインの責任を一手にあづけられたようなことは、今までになかったことなのである。そしてわれわれが町づくりの技術について、なんとわずかばかりしか知らないであろうか。また第二に、むかし

＊13　アルド・ファン・アイク／Ⅱ章＊8参照。

それぞれ町の住人たちは、いかにして自分たちの手によってまちをつくっていくかを知っていた。それに比べて、今日の近代社会はこうした一般の人々の協力を不可能にしてしまったし、また彼らの町づくりに対する理解とか協力も、そうした協力のチャンスが減少するにつれて消失してしまったのではなかろうか

そして、続けて槇は、次のような自らの抱いた問いを書き記している。

多くの人々は、近代建築というものがギリシャ、ローマ、ゴシック、ロマネスク、ルネッサンスのあとをついで、その次にくるすぐれた建築の考え方であり様式であることをみとめている。シーグラム、マルセイユ(引用者注：ユニテ・ダビタシオン)を始め、われわれはすばらしい、それこそパルテノンに匹敵する個々の独立した建築をつくりだしたことも認めるのである。そしてどうしてこのように個々ではすぐれた様式である近代建築が、新しい時代の環境をつくることを保証してくれないのであろうか

ここで自覚されているのは、ミース・ファン・デル・ローエやル・コルビュジエら巨匠たちがつくった単体の建築では、もはやCIAM以後の時代が抱えるアーバ

[*14]

＊14　ミース・ファン・デル・ローエ／I章＊7参照。

ン・デザインの課題に応えられないという認識だ。さらに、槇は、同じレポート中で、会議で議論された内容を咀嚼して、現代建築に求められるテーマとは、「集合された空間における機能主義とヒューマニズムの展開」であると指摘した。こうして、槇は、日本で設計活動を行なっていくなかで、そのテーマを「都市性の増加」という言葉で語り始めていく。一九七〇年、高度経済成長を象徴する祝祭として大阪で日本万国博覧会が催される最中、建築が都市に果たすべき指標を次のように提示したのである（川添登・槇文彦『現代建築――対談　都市空間の原点を求めて』筑摩書房、一九七〇年）。

将来どういう建築を作らなければいけないかというときの評価基準として、都市性の増加ということを一つ考えたいと思います。都市性の増加というのは、ある一つの建物を作ったことによって、その附近が良くなる、交通の機能に支障をきたさないというフィジカルなレベルの問題から、さらにはそれを人びとが美しいと感動するとか、そこへ集まってきて新しい行為の発生が刺激されるという精神的なレベルの問題まで含めて考えているわけです。したがって、建物を作るということは、その周辺で都市性の増大にどれだけ貢献するかということが絶対的に重要な評価の基準にならなければならない。したがってそれでは人間がなにに対して感動し、なにに対して都市性を感ずるかというようなことを追求し、その上にそれを実現しうるためのひとつの方法論を作り出すことはアーバン・デザインにとって重要なテーマになることでしょう

「都市性の増加」という視点は、槇が、モダニズム建築の先人たちの議論に加わり、その最も良質な遺産である「都市は人間のために存在する」というヒューマニズム思想を引き継ぐことで獲得したものだと思う。この発言の背景には、前年の一九六九年に第一期が完成した代官山ヒルサイドテラスの実践で得た建築家としての手ごたえがあったのだろう。そして、その視点を、理論的に構築された方法論としてではなく、槇が身体を通して日々経験した都市の豊かさから直観的に学び取ったことに大きな意味があったのではなかろうか。その視点は、二〇一三年のインタビューの次のような発言からも、変わらずに生き続けていることがわかる(「〔インタビュー〕見えがくれする都市「東京」の都市デザインと課題」『都市計画』三〇七号、二〇一四年二月発行)。

NYのマンハッタンは、遠くから見た時には摩天楼群が象徴的に浮かび上がってきます。でも、実際に住んでみると、人が感じる風景は、足元で接するマンハッタンなのです。中でも一番印象が強かったのは、パブリックスペースです。……周りの建築群が変わっていっても、次のレベルで変わっていかない場所が

パブリックスペースです。例えば、ワシントンスクエアやグリニッチ、それからロックフェラーセンターのスケートリンクがあるオープンスペースが、心象風景をつくるエレメントになります。MoMAに行けば、コート(中庭)ですね。パブリックスペースが一つの心象風景になる場合が多いと思います。その後、何十年経っても変わらないし、それが都市の中で一番大事なのではないかという考え方を持っています

そして、槇がパブリック・スペースに最終的に求めようとしたのは、一人の都市生活者にとってよりどころとなる場所であったことが、次の言葉からも読み取れる(槇文彦「時と風景——東京へのオマージュ」『新建築』一九九二年六月号)。

巨大都市は、ときに小さな都市や集落にない圧倒的な空間を提供し得る。しかし都市のパブリックなスペースは群衆やコミュニティのためにだけ、その存在理由があるわけではない。その本質のひとつは人びとに都市における孤独性の享受を確証する場でもある。このようにさまざまなレベルにおけるパブリック的な空間とその意味性が重層的に現れるとき、われわれは都市空間の豊かさを獲得し得るのである

こうして次第に浮かび上がってくるのは、都市のパブリック・スペースが日常的に人びとに与えてきた、「測り得ないもの」の価値に注がれた眼差しの優しさだ。そして、そこには、多くの人びとの努力によって守り育てられてきた風景への敬意が込められている。だからこそ、そのような公共空間の意味をないがしろにする無謀な都市の再開発や、それを私物化するような建築への違和感を抱き続けてきたのだろう。新国立競技場の建設計画は、そうした共通感覚(コモンセンス)の決定的な欠落が露呈した事件として、槇には思えたのではないだろうか。

五〇年に及ぶ建築家としての設計活動では多くの海外の仕事も手がけ、今も世界各地に通っているという。その槇のなかには、おびただしい数の、都市の日常風景が刻まれている。そうした蓄積があるからこそ、日本の都市がもつ奥性という特質や穏やかさの価値に気づき、文明論的な視点で建築を見つめることができたのだ。そして、ル・コルビュジエやセルトから学び、すべての人びとに開かれた都市の公共空間の実現というミッションを変わらずに温めてきたのだろう。このミッションは、時代を超えて求められるものだ。槇には、過酷な戦争の時代にモダニズム建築の道筋を切り拓いた先駆者たちの後ろ姿を目撃し、その土台の上に良質な試みを展開することのできた戦後世代としての自覚もあったに違いない。

一人の人間の孤独を受けとめ、都市に尊厳をもっていられる場所を築くこと。それは、急速に少子高齢社会へ向かうこの国にとって切実な目標でもある。その眼差しに重ねて、槇の求めた普遍性と倫理に学ぶことは、そのまま彼が受け継いできたバトンを未来へとつないでいく、歓びとやりがいのあるプロジェクトなのだと思う。

槇文彦は、次の走者を待っている。

あとがき

松隈さんとの対話を終えてあとがきを書き始めたとき、ふと思ったのは私にとって、こうした対話をまとめた本は二冊目であったということである。第一冊目も松隈さんと同じ評論家の川添登さんとの対談であった。

二冊の本のあいだには半世紀に近い時が流れている。私にとって、その間、私自身がどう変わったか、あるいは建築家としての作風がどう変わったか、そして建築家として目標とすべきものは同じであったのかなど、様ざまな思いが込められた時である。結論としては、あまり人間も変わっていないし、目標も同じである。ただし、作品は五〇年のモダニズムの歴史のなかで、より広い振幅をもった流れを揺れ動いてきたといってよいだろう。当然、この二冊とも、作品の解説でなく、一建築家が都市を、そして建築をどう考えてきたかの思考の軌跡にほかならない。

その意味では川添さんとの対談では、メタボリズムの一員として、また、三〇代の終わりという誰もが経験する人生の高揚期において、私自身、他のメタボリズムのメンバーと比べればクールともいえる建築観をもち、一方で人間に対し暖かさをもったヒューマニズムともいえる姿勢の重要性を力説してきた。そして場所の構築を目ざす建築をつくることは、その手法に差こそあれ、自らの建築家としての使命と考えてきた。それは別な言葉で表現するならば、松隈さんの指摘する都市性《アーバニティ》の重要性を確認してきたのである。

三つ子の魂百までというが、それが建築家槇のＤＮＡといってよいだろう。

ただ様ざまな建築家たちとの出会い、あるいは彼らの作品に関する経験などから多くを学んできた。

たとえば丹下健三からはデザインを始めるにあたってのオープンディスカッション、ホセ・ルイ・セルトからは建築を歩く目線で感じることとの大切さ、村野藤吾からは粋のモダニズム、前川國男からは建築家がもつべき倫理性……それは数え切れないほどあった。そのなかから自分なりに取捨し続けた半世紀は、まだその終わりをみることはない。なぜならば自分の作品を通じて、良くも悪くも、常に何かを学ぶことがあまりにも多いからである。

自分を取り巻く都市、国家、そしていまやグローバルな影響を免れない地域社会においても、かつてとは比較にならない変貌が毎日のように我われの眼前にあらわれている。しかしそれだからこそ、自分にとって普遍的なもの、変わってはならないものとは何かということを自問し続けなければならない。「漂うモダニズム」のエッセイの最後に言及した「共感のモダニズム」もその一つである。

＊

この本の冒頭で、新国立競技場の問題について触れている。

二〇一二年一一月に国際コンペで選ばれたザハ・ハディド案に対し、私はその翌年夏、「新国立競技場案を神宮外苑の歴史的文脈の中で考える」というエッセイを発表した。その後も長いあいだ、多くの人びとは、決められた案で政府が突き進むのではないかという認識を前提としてもっていたと思う。しかし今はそうではない。二〇一五年七月に政府は計画を白紙に戻して、これからの案を再検討することを発表した。

すでに述べたように、私が当初の計画に驚いたのは、二十数年前、国立競技場の隣地に東京体育館を設計したそのときの経験から想像してのことであった。川添登さんとの対談でも強調してきた都市性《アーバニティ》の破壊に繋がる計画であったということである。

私は先のエッセイで、東京で五輪が行なわれることになった場合は、と前置きして次のように述べていた。この巨大な施設規模は、施設のプログラムから必然的に生まれたものであり、そのためにはまずプログラムの見直しから着手すべきであると。つまり、白紙に戻してプログラムから考え直すべきだと主張している。そして新しいプログラムが決まれば、設計を考えるうえでの一つのオプションは、先のコンペの当選者に敬意を表してザハ・ハディドさんではないかとも言及している。

もちろんその年の九月七日、ブエノスアイレスでのIOC総会で東京が選ばれた直後は、日本は上も下もユーフォリア（高揚感）に包まれ、私の言葉などはかき消されてしまっている。しかし、それから二年も経たないうちに今度は政府のオウンゴールでこの案は白紙に戻されてしまった。ここでも私は時が刻んだ歴史のつくり出すアイロニーを感じざるを得なかった。しかし二年間の不毛の歴史は、原案が推し進められたときに間違いなく我われが遭遇したであろう次の半世紀にわたる慟哭の歴史より、はるかにましであったと思う。

*

今回の対話を経て最も印象に残っているのは、私が松隈さんと、時に前後の脈絡も考えずに喋った言葉が、素晴らしい流れのある文章として毎回あらわれた、その背後にあった岩波書店ほか皆様の努力への敬意である。おそらく松隈さんも同じような感慨をもたれたに違いない。特に編集者陣の中心にあった堀由貴子氏には心から感謝したいと思う。

二〇一五年八月

槇　文彦

図版提供一覧

Ⅰ−2　日東コーナーハウス　**提供**：竹中工務店
Ⅱ−6　紀伊國屋ビル，Ⅲ−4　同潤会代官山アパート，Ⅴ−4　軽井沢の山荘，および「普遍性と倫理」写真　**提供**：松隈洋
Ⅲ−5　ウィーンの集合住宅カール・マルクス・ホフ　**提供**：HEMIS／アフロ
Ⅳ−1　伝統的な集落の配置図　**提供**：槇総合計画事務所（明治大学工学部建築学科神代研究室編「日本のコミュニティ」〔『SD』別冊 No. 7，1977 年〕12 頁図 6−8 を基に作成）
Ⅴ−2　パリ万博日本館　**提供**：坂倉建築研究所
Ⅴ−3　ふじようちえん　**提供**：手塚建築研究所

「人間が「建築をする」ということ」
図 2　東京の地下鉄網　**出典**：東京メトロホームページ
図 3　大街区のモデル化　**出典**：バリー・シェルトン，片木篤訳『日本の都市から学ぶこと――西洋から見た日本の都市デザイン』（鹿島出版会，2014 年）126 頁
図 7　幕張ベイタウンのプラン　**出典**：小沢明「断章・住まいで都市を造りえるか――敷地主義と団地主義をこえて」（『家とまちなみ』71 号，2015 年，市浦ハウジング＆プランニング作図）
図 8　デロス第 2 街区の住宅　**出典**：レオナルド・ベネーヴォロ，佐野敬彦・林寛治訳『図説　都市の世界史 1』（相模書房，1983 年）97 頁

そのほか記載のないものはすべて槇総合計画事務所提供

初　出

本書Ⅰ～Ⅴ章は，『世界』2015 年 1 月号～6 月号（4 月号除く）に掲載された同名の連載を再構成し，大幅に加筆したものです．「人間が「建築をする」ということ」，「普遍性と倫理――槇文彦がパブリック・スペースに求めてきたもの」は書き下ろしです．

槇 文彦
建築家．1928年東京都生まれ．東京大学工学部建築学科卒業，ハーヴァード大学大学院デザイン学部修士課程修了．その後ワシントン大学，ハーヴァード大学，東京大学で教壇に立つ．現在，槇総合計画事務所代表．
主な作品にヒルサイドテラス＋ウエスト，岩崎美術館，スパイラル，京都国立近代美術館，幕張メッセ，慶應義塾大学湘南藤沢キャンパス，風の丘葬斎場，MITメディアラボ，4WTCなど．日本建築学会賞，高松宮殿下記念世界文化賞，プリツカー賞，AIA(アメリカ建築家協会)ゴールドメダルほか受賞多数．
著書に『見えがくれする都市』(鹿島出版会)，『漂うモダニズム』(左右社)，共編著に『応答　漂うモダニズム』(左右社)ほか．

松隈 洋
建築史家，京都工芸繊維大学教授．1957年兵庫県生まれ．京都大学工学部建築学科卒業後，前川國男建築設計事務所に入所．2008年より現職．工学博士．専門は近代建築史．DOCOMOMO Japan代表．前川國男，A. レーモンド，坂倉準三，白井晟一，C. ペリアン，村野藤吾など多くの建築展の企画に携わる．
著書に『近代建築を記憶する』(建築資料研究社)，『坂倉準三とはだれか』(王国社)，『残すべき建築』(誠文堂新光社)ほか．

建築から都市を、都市から建築を考える

2015年10月14日　第1刷発行

著　者　槇《まき》 文彦《ふみひこ》
聞き手　松隈《まつくま》 洋《ひろし》
発行者　岡本 厚
発行所　株式会社 岩波書店
〒101-8002 東京都千代田区一ツ橋2-5-5
電話案内 03-5210-4000
http://www.iwanami.co.jp/

印刷・理想社　カバー・半七印刷　製本・三水舎

ISBN 978-4-00-061075-9　Printed in Japan

図版提供一覧

Ⅰ-2　日東コーナーハウス　**提供**：竹中工務店
Ⅱ-6　紀伊國屋ビル，Ⅲ-4　同潤会代官山アパート，Ⅴ-4　軽井沢の山荘，および「普遍性と倫理」写真　**提供**：松隈洋
Ⅲ-5　ウィーンの集合住宅カール・マルクス・ホフ　**提供**：HEMIS／アフロ
Ⅳ-1　伝統的な集落の配置図　**提供**：槇総合計画事務所（明治大学工学部建築学科神代研究室編「日本のコミュニティ」〔『SD』別冊 No. 7，1977 年〕12 頁図 6-8 を基に作成）
Ⅴ-2　パリ万博日本館　**提供**：坂倉建築研究所
Ⅴ-3　ふじようちえん　**提供**：手塚建築研究所

「人間が「建築をする」ということ」
図 2　東京の地下鉄網　**出典**：東京メトロホームページ
図 3　大街区のモデル化　**出典**：バリー・シェルトン，片木篤訳『日本の都市から学ぶこと――西洋から見た日本の都市デザイン』（鹿島出版会，2014 年）126 頁
図 7　幕張ベイタウンのプラン　**出典**：小沢明「断章・住まいで都市を造りえるか――敷地主義と団地主義をこえて」（『家とまちなみ』71 号，2015 年，市浦ハウジング＆プランニング作図）
図 8　デロス第 2 街区の住宅　**出典**：レオナルド・ベネーヴォロ，佐野敬彦・林寛治訳『図説　都市の世界史 1』（相模書房，1983 年）97 頁

そのほか記載のないものはすべて槇総合計画事務所提供

初　出

本書Ⅰ～Ⅴ章は，『世界』2015 年 1 月号～6 月号（4 月号除く）に掲載された同名の連載を再構成し，大幅に加筆したものです．「人間が「建築をする」ということ」，「普遍性と倫理――槇文彦がパブリック・スペースに求めてきたもの」は書き下ろしです．